裏切り者は顔に出る

上司、顧客、家族のホンネは「表情」から読み解ける

清水建二

空気を読むを科学する研究所　代表取締役

754

中公新書ラクレ

はじめに

多くの人々が行き交う都会の雑踏、熱気あふれるコンサート会場やスポーツ会場、聴衆が集う著名人の演説の場などで、左のような表情をしている人々がいます。この中に、これから暴力行為をしようと企てている人物がいるとしたら、それはどの人物でしょうか。

A

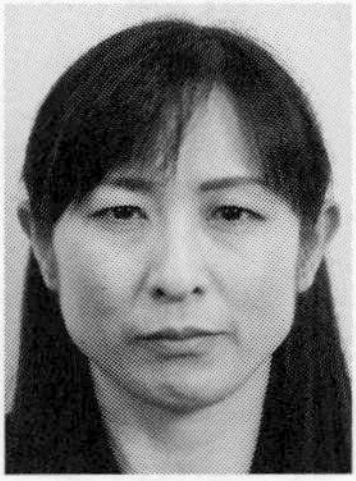
B

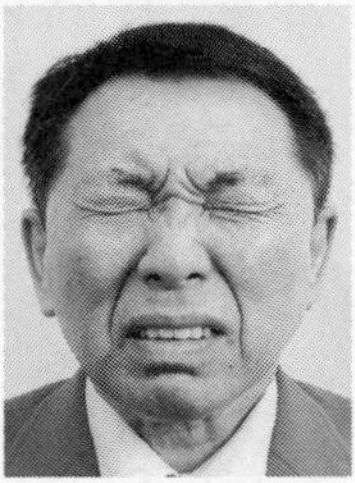
C

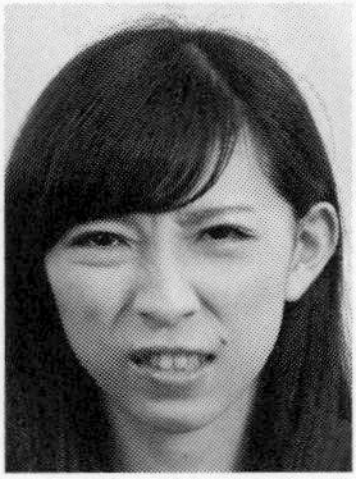
D

アメリカでは、要人警護を担当する警察官やその他の法の執行官、空港職員向けに、危険人物を特定するプログラムが実施されています。プログラムの全容は非公開ですが、その中の一つに、次々と映し出されるネガティブな表情をした人のスライドの中から、危険表情のみを瞬時に検知するというものがあります。トレーニングは、直感的に正解できるようになるまで続けられます。

危険表情とは、殺人・暗殺・テロ・暴力行為を行おうとしている人が見せる表情のことを言います。この危険表情の数秒後以降に暴力行為が行われる可能性が高いことが知られています。このことは、防犯カメラなどに収められた暴力行為をした人物の表情データと暴力行為を体験した警察官や犯罪被害者の目撃証言をもとに研究が進められました。

その結果、「ある二つの顔」が直接的な暴力行為につながる可能性の高いことがわかりました。

一つは、「攻撃を目論んでいる顔」と呼ばれています。その表情の特徴は、「眉が中央に寄りながら引き下げられる＋上まぶたが引き上げられる＋まぶたに力が入れられる＋唇が上下からプレスされる＋(下唇が引き上げられる)」です。これは先の画像Aの人物の表情です。したがって、先の問題の正解はAということになります。

この表情は端的に、「怒りを押し殺した表情」と言い換えることもできます。私たちが感情を押し殺そうとするとき、口の周りに力を入れることが様々な研究からわかっています。暴力意図のある人物は、怒りの感情を沸々と煮えたぎらせています。しかし、それが表情として全面に表れてしまうと、暴力を実行する前に周囲に危険を察知されてしまい、目標を達成することができません。したがって、怒りを押し殺そうとするのです。しかし、その抑制しきれない怒りが、**微表情**として一瞬だけ表情に表れたり、ときには数秒間にわたって表情に表れたりするのです。

この表情が表れている人は、

- 誰かを攻撃する計画を練っている
- 攻撃のタイミングを見計らっている
- 攻撃目標が現れるのを待っている
- 攻撃目標が気を抜くのを待っている

こうした意図を持っていると考えられています。

つまり、数秒後あるいは数日後以降（計画や憎悪の程度によります）に、何らかの暴力行為を意図している可能性が高いということです。暴力を振るう直前の人物や爆弾を仕掛けようとしていたテロリストの顔、重火器を持って学校を襲撃する数時間前の犯人の顔などに、この表情が浮かんでいたことが観察されています。

もう一つは「理性を失った顔」と呼ばれています。表情の特徴は、「眉が中央に寄りながら引き下げられる＋上まぶたが引き上げられる＋まぶたに力が入れられる＋口が開かれる＋アゴに力が入れられる」です。「攻撃を目論んでいる顔」と比べ、全体的に表情の動きの強度が増し、歯がむき出しになります。顔の色も赤くなります。

この表情が表れている人は、

- 理性を失った瞬間
- 攻撃を仕掛ける瞬間

にいることを意味します。

「理性を失った顔」は「攻撃を目論んでいる顔」とは異なり、顔全面にわかりやすく表れることが多いです。

「攻撃を目論んでいる顔」を見つけることができれば、未然にその計画を防ぐ可能性が高まります。また、「理性を失った顔」に気付くことができれば、防御態勢を取ったり、逃げたりすることができ、被害を最小限に抑えられる可能性が高まります。

本書ではこうした表情、あるいは微表情をもとに、相手のホンネを見抜き、人生に役立てる方法をご紹介します。**微表情とは、〇・五秒だけ人の顔に表れる無意識の表情**のことを言います。

後ほど詳しく説明しますが、表情は、私たちが生まれながらにして持っているコミュニケーションのシグナルであり、文化や民族、性別、年齢、時代、さらには生まれつき目の見えない方を問わず、私たちの顔に表れることがわかっています。

この、無意識に表れるサインやコミュニケーションのシグナルを見逃さなければ、瞬時に相手の感情を読みとることができます。微表情を読む技術を手に入れれば、先に挙げた例のように、迫りくる物理的な危険から身を守ったり、ウソを推測したり、心の病の兆候を察したり、交渉相手の真意に気づいたり、会話の流れを摑んだりすることが出来るようになるでしょう。**微表情を読みとるスキルは、今までにない全く新しいコミュニケーションの技術**です。

「新しいということは、実際に使えるスキルかどうかまだわからないのでは？」と心配される方がいるかも知れません。安心して下さい。本書で紹介するスキルは、一つに、科学知見に裏付けられています。それはすなわち、再現性があるということ。適切にスキルを使えば、誰もが同じ効果を得ることが出来るというわけです。二つに、実践の裏付けがあります。科学知見を日常やビジネスのコミュニケーションに転用させ、どの知見をどう使うと効果的か数々の試行錯誤を経ています。

目下このスキルは、営業・商談・教育・人事・投資・マネージメント等々、様々なシーンにおいて、著者の研修を受講したビジネスパーソンに活用されています。また、新製品の開発やＡＩ感情認識システムの効果的な運用方法等に微表情の知見とスキルが活かされる様を、研究協力者として日々目の当たりにしています。さらに、**犯罪や安全保障に関わる事案では、公安諸機関から依頼を受け、犯罪被害者・容疑者、国家元首らの微表情を解読することを通じて、捜査や各種情報収集活動に貢献**しています。

微表情を読みとるスキルだけでも強力なコミュニケーションツールとなりますが、本書は微表情に加え、ジェスチャー、会話パターンについても説明します。微表情を読みとるスキルに、ジェスチャー、会話パターンを使いこなすスキルを組み合わせることで、コミュニケーション相手の感情の綾や繊細な心理をより深く、正確に理解することが出来るようになるのです。

著者は、微表情の読みとりスキルを生かして仕事を成功させ、プライベートも充実させた方を何人も見てきました。

微表情を読みとるスキルは、ビジネスを成功に導くだけでなく、人間を深く理解し、日々の人々との関わり方を劇的に良き方向へと変えてくれます。本書がみなさんの毎日を、思いやりと、豊かな感情にあふれたものへと誘う一助となれば幸甚です。

〈3ページの写真の解説〉

A　危険表情（攻撃を目論んでいる顔）……眉が引き下がり、目が見開き、口の周りに力が入っています。この表情を見たら、防御態勢を取るか、その場から立ち去る必要があります。

B　緩い怒り、もしくは目が悪い人の顔の動き……眉が引き下がり、眉間にしわができています。これは怒りの場合もありますが、それほど怒りが強い場合ではないか、単に視力の悪い人が遠くの情報を見ようとしているときの顔の動きです。

C　**痛み**……人が痛みを感じているときの顔の動きです。

D　**嫌悪**……鼻のまわりにしわができています。これは嫌悪を感じているときの表情です。嫌悪感は消極的な感情ですので、この表情ののちに暴力行為がなされる可能性は低いと考えられます。

裏切り者は顔に出る

上司、顧客、家族のホンネは「表情」から読み解ける

目次

第三章　ジェスチャーを見抜く

図表作成・本文ＤＴＰ／今井明子

裏切り者は顔に出る

上司、顧客、家族のホンネは「表情」から読み解ける

第一章 「微表情」とは？

自殺願望を見抜け

「私、退院したいんです」

「退院をご希望なのですね。退院したら何かしたいことはありますか?」

「もちろん! 夫に食事を作ってあげたいわ」

「それはいいですね」

「それから、子どもたちを学校に見送ってあげたいの」

「それも素敵ですね」

「それから、それから……」


終始にこやかに将来の夢を話すのは、メアリーさんです。彼女は自殺願望を抱えていたことから、病院への入院措置がとられていたのです。病院での治療が功を奏したのか、もう自殺したいなどとは思っていないと退院を求めます。しかし、主治医の答えは「NO」。「もう少し様子を見ましょう」とのことで退院は見送られました。

「何か違和感がある」、そう主治医は説明します。実際、メアリーさんは「もしこのとき退院できていたら、自殺をしようと思っていた」と、後のインタビューで話しています。主治医が感じとっていた違和感は、当たっていたのです。しかし、主治医は自身の違和感を適切な言葉で説明できません。この違和感の謎に挑んだのが、米国の心理学者ポール・エクマン博士らの研究チームです。

エクマン博士らは、診断中のメアリーさんと主治医との会話が録画された動画を、何度も何度も繰り返し観ました。しかし、何も発見することが出来ません。そこで、コマ送りで一コマ一コマ観ることにしました。すると、メアリーさんの奇妙な表情の変化に気づきます。通常スピードの動画では、笑顔で話しているだけにしか見えなかったメアリーさんでしたが、コマ送りで観ると、苦悩で顔をゆがめているような表情が一瞬、浮かんでいたのです。

「強い感情が抑制されると、微細な顔の動きとして瞬間的に表れるのかも知れない」。エクマン博士らはそう考えました。この微細な顔の動きが、後に微表情と名付けられます。一九六〇年代のことでした。微表情の発見後、エクマン博士らを中心に様々な研究者が感情と表情との関係を研究し始めます。そして、ようやく二〇〇〇年代になって、微表情の存在が初めて実証されたのです。

発見当初、微表情が表れるのは〇・二秒ほどの現象だと考えられていました。しかし近年の実証研究により、〇・五秒ほど続く表情であることがわかってきました。〇・二秒から〇・五秒にやや伸びたとはいえ、瞬間的な表情であることには変わりありません。訓練された目を持っていなければ、ほとんど見過ごしてしまいます。八〇～九〇パーセントの微表情を私たちは日々見過ごしている、そんなふうにも言われています。

抑制された感情が意識・無意識問わず、瞬間的に、ときに部分的に顔に表れる微表情。自殺願望者の表情研究以後、表情・微表情研究は、ウソ検知、比較文化研究、教育、医療、ビジネス、介護、エンタメ、ロボティクス等々、様々な分野へと波及していきました。現在では、ＡＩによって微表情を読みとる試み等が各国でなされ、今後、ますますホットな話題になると考えられます。

微表情がどんな分野で活用され、どんなときに表れるのか。ご紹介しましょう。

米軍やＦＢＩ、ＣＩＡ等で駆使されている微表情検知スキル

サンフランシスコ州立大学教授ディビッド・マツモト博士ら研究チームは、次のような実

験をしました。

実験のために集めた参加者を、模擬犯罪（窃盗行為）を「行う」グループと「行わない」グループとに分けます。模擬犯罪を「行う」参加者には、指定された部屋に入り、一〇〇ドルの小切手を盗む計画を立ててもらいます。模擬犯罪を「行わない」参加者は、指定された部屋に入ってもらいますが、目的は、一〇〇ドルの小切手があるかどうかを確認してきてもらうことです。参加者は、自分以外の参加者の存在も目的も知らない状況で、一人で部屋に向かいます。

それぞれの計画を持った参加者が、指定された部屋に向かいます。すると、突如、チェックポイントが現れます。ここには参加者の目的について何も知らない警備員役の実験補助者（以下、警備員と書きます）がおり、部屋の入室目的を尋ねてくるのです。このチェックポイントを無事に通過しなければ、部屋に入ることが出来ません。参加者は、目的を達成するために、警備員に部屋に入る許可をもらう必要があります。このとき、模擬犯罪を「行う」に割り振られた参加者は、小切手を盗む目的がバレないようにウソをつき、「行わない」に割り振られた実験参加者は、正直に話します。

なお、モチベーションが高まるように、参加者には二〇ドルの協力費を支払うことを約束しています。加えて、実験成績に応じて〇～八〇ドルのボーナスが支払われます。ウソがバレたり、冤罪になったりすると、実験後に一時間かかるアンケートに答えなくてはならず、ボーナスも支払わないことを通知しています。警備員が参加者を信用すれば、実験後すぐに帰宅でき、罰はなく、ボーナスを支払う、そんな設定です。

このような条件下で、チェックポイント通過時にウソをついていた参加者と正直な話をしていた参加者の微表情が計測されました。実験の結果、正直な話をしていた参加者に比べ、**ウソをついていた参加者の顔には、怒り、軽蔑、嫌悪、恐怖、悲しみの微表情が多く生じ、**六三～六八パーセントの精度で真偽を区別できることがわかりました。[*1]

この数値は、実験室で行われた実験から算出されたものではありません。ですが、現実の犯罪者が犯罪計画や自身の犯した行為を隠す、あるいはスパイが自国の利益のために本心を隠し、偽の物語を語っているときの「絶対にバレてはいけない」「どんなふうに取り調べを切り抜けようか」という葛藤は、実験室での実験の比ではないでしょう。

人間の感情というものは強ければ強いほど抑えることが困難になり、微表情として生じてしまうことがわかっています。

微表情検知の有用性が認められ、米軍、米国の捜査機関であるＦＢＩ（連邦捜査局）や諜

報機関であるＣＩＡ（中央情報局）、ＮＹＰＤ（ニューヨーク市警察）、その他にも日本を含む各国の警備・警察・公安機関において、表情・微表情検知のためのトレーニングがなされています。

詳細なトレーニング内容は公開されていませんが、微表情検知のためのオーソドックスなトレーニングは、男女・様々な年齢・代表的な民族から構成された人々の表情写真を用意し、これらの中から一枚の表情写真がランダムで瞬間的に提示され、その表情がどんな感情を示しているかを目視で検知する形式のものです。

実際にやってみると、最初はもの凄く難しく感じますが、次第に読みとれるようになってきます。一時間のトレーニングで、微表情検知正答率が四〇パーセント（トレーニング実施前のテスト成績）から八〇パーセント（トレーニング実施後のテスト成績）にまで向上することがわかっています。またトレーニング実施後、微表情検知トレーニングを何もしていなくても二〜三週間、持続することがわかっています。つまり、微表情を読みとるスキルは意外に早く習得でき、身に付いたスキルは一定期間維持される、ということが言えます。

金正恩がトランプに見せた軽蔑のサイン

ここで、当時、様々な機関から依頼を受け、著者が分析した実際のケースを紹介したいと思います。二〇一八年六月一二日にシンガポールで開かれた、史上初の米朝首脳会談におけるアメリカ合衆国大統領ドナルド・トランプ（当時）と、朝鮮民主主義人民共和国の金正恩国務委員長の表情分析です。

この会談において、両首脳は次の四つの共同声明にサインしました。四つの共同声明文を読売新聞（二〇一八年六月一三日付）から引用します。

1　米国と北朝鮮は平和と繁栄を望む両国民の願いに従って、新しい米朝関係を樹立する。

2　米国と北朝鮮は、朝鮮半島に永続的で安定した平和体制を築くために協力して取り組む。

3　2018年4月27日の板門店宣言にのっとって、北朝鮮は朝鮮半島の完全な非核化に向けて取り組む。

4　米国と北朝鮮は戦時捕虜・行方不明者の遺骨の回収に取り組む。身元が確認済みの遺骨は即座に本国に返す。

四つ目の共同声明文にサインし終えたとき、**一瞬だけ、金正恩委員長の右側の口角が引き上げられました**。左右どちらかの口角が引き上げられる動きは、**軽蔑を意味**します（詳細は第二章）。軽蔑とは、相手を道徳的に卑下したり、優越感を抱くときに生じる感情です。この首脳会談は、どちらが今後の主導権を握れるか、自国の利益を高められるか、という交渉場面ですので、道徳的な意味というより、優越感と解釈できます。

共同声明文を米国よりも北朝鮮に有利な内容にすることができた、あるいは、「こんな声明は守らない」と考え、自信満々のトランプ前大統領に優越感を抱いていた、と著者は推測しました。

正確を期して、当時、著者が諸機関で行った解釈を詳細に書きますと、「四つの共同声明のうち、最後の共同声明の内容を金委員長は守る気がない、あるいは、共同声明全体の内容を守る気がない可能性がある。ゆえに四つめの共同声明の内容を精査することに加え、共同声明全体が守られなかった場合に備えるべき」としています。

順々にサインをする金委員長の表情を観ると、最後の共同声明にサインをしたときだけ、軽蔑の微表情を浮かべており、その他の声明文にサインしているときは真顔でした。私たち人間は、自身にとって関心の高いことに感情的になります。また、微表情が生じるのは、強い感情が抑制された結果です。

つまり、他の共同声明の内容に比べて、四つめの共同声明の内容に、金委員長は優越感を抱いており、この優越感を隠しておきたかった、と解釈できるのです。

ところで、目下、先に挙げた共同声明の順番通りにサインがなされたかどうかはわかっていません。

一方で、四つめの共同声明は最後のサインになること、金委員長が共同声明にサインをするとき、内容自体はサインの前にすでにまとまっているため、サインを一つひとつ吟味しながら、というより、機械的に行っていた可能性があります。このように考えると、共同声明全体をひっくるめて、「金委員長は優越感を抱いており、強い関心を抱き、その優越感を隠しておきたかった」とも解釈できます。つまり、共同声明全体の内容を守る気がない可能性もあったのです。

この後の経緯は、みなさんご存じの通りです。二〇一九年二月二七日及び二月二八日にベトナムで開催された第二回米朝首脳会談では何の合意にも至らず、二〇二一年現在に至ってもなお、朝鮮半島の完全な非核化は実現していません。

アイドルの笑顔が突然消える

微表情は、犯罪者や一国の首脳の表情だけに表れるわけではありません。例えば、アイドルの表情にも表れます。アイドルや芸能人は人気商売ゆえ常に笑顔です。ファンの方にとって、彼ら彼女らの笑顔は癒しなのでしょう。自分の好きなアイドルが何を考えているのか、好き嫌いは何だろう、コンサートや握手会で自分に向けられた笑顔にどんな意味があるのだろう……等々、色々なことが頭をめぐり、そんなことを想像しているのも楽しいひとときなのかも知れません。

アイドルの本心を知りたい——それならば、表情に注目しましょう。

一つ目のケースは、アイドルグループＡＫＢ48の総選挙（メンバーの人気をファン投票で決めるイベント）です。メンバーの松井珠理奈さんが、三位に選出された年がありました。「第三位、松井珠理奈」と発表されたとき、松井さんの顔がアップでモニターに映し出されました。松井さんの表情は、笑顔。口角が引き上げられ、頬が引き上げられる動きを伴った笑顔です。これは**デュシェンヌ・スマイル**（発見者のフランス人生理学者、G・B・A・デュシェンヌ・ド・ブーローニュの功績を称え命名）**と呼ばれ、心から幸福を感じているときに表れる笑顔**だということが知られています。

一方、いわゆる、目が笑っていない笑顔、と言われるものがあります。これは愛想笑いの典型で、口角は引き上げられているものの、頬は引き上げられず、目の周りの筋肉が動いていないのです。心から笑っている場合は、目の周りの筋肉が動き、頬が引き上げられ、目尻にカラスの足あと状のしわが出来ます。この動きは意図的に作ることが難しいのです。ゆえに、目尻のしわの有無を確認すれば、本心からの笑顔か愛想笑いかを見抜ける、そんなふうに巷では説明されています。

この見分け方は、半分正解で半分不正解です。以前、某テレビ番組に出演した際、お笑い芸人のロザン菅さんの表情分析を依頼されました。その表情は作り笑いだったのですが、著者は「本当の笑顔と遜色なく、素晴らしい」と称えました。ロザン菅さんは、愛嬌あるニコニコ顔で「こんなの余裕～」と答えていました。ロザン菅さんに限らず、**テレビに出ているアイドルや芸能人の方は、作り笑顔、つまり、愛想笑いを本当の笑顔のように見せることに**

長けていると考えられます。一般的には意図的に動かすことの難しい目の周りの筋肉でも、練習しているうちに動かせるようになるのです。ですので、目尻のしわの有無だけで本当の笑顔かどうかを判断するのは積極的には勧められません。

こうしたことから考えると、松井さんの笑顔も愛想笑いだったのかも知れません。「ん？第三位になれて本当に嬉しかったんじゃないの？」。そんなふうに思われる方もいらっしゃるかも知れません。アイドルや有名人の笑顔を観るとき、本心を知りたいと思うのならば、観察すべきポイントは、デュシェンヌ・スマイルよりも、**笑顔の隙間からこぼれ出る微表情や笑顔が消える瞬間**です。

実は松井さんの場合、デュシェンヌ・スマイルが生じながら嫌悪の微表情が漏洩していました。鼻の周りにしわが寄る動きです。臭いものを嗅いだときや、自分にとって受け入れたくない出来事に遭遇したときに生じます。つまり、第三位という結果を受け入れがたく、悔しい気持ちであったと推測することが出来るのです。この順位に大満足ということなら、デュシェンヌ・スマイルだけで嫌悪の表情が生じることはないと考えられます。松井珠理奈さんの勝気な性格、闘志を垣間見た瞬間だと思いました。

二つ目のケースは、現在タレントでＨＫＴ48というアイドルグループに所属していた指原梨乃さんの笑顔についてです。アイドル時代の指原さんが写真集を出し、発売を記念して握手会が開かれていました。そのときの様子が某テレビ番組で放映されていました。

指原さん：こんにちは。
ファンA：今晩、握手会行きます。
指原さん：あ！　本当~待っているね~。
ファンB：買い増ししたい。
指原さん：本当！　ありがと。嬉しい。がんばりまーす。

終始、デュシェンヌ・スマイルの指原さん。「あ！　本当~待っているね~」と言い、ファンBに顔を向けた瞬間、笑顔が突然消えます。この**笑顔の唐突な消失は、作られた笑顔の特徴**です。本心からの笑顔の場合、消失まで時間がかかり、ゆっくりと顔から消えるので、ファンBの「買い増ししたい」と言うセリフに、指原さんは素敵なデュシェンヌ・スマイルでお礼を言います。しかし、「がんばりまーす」と返したとき、デュシェンヌ・スマイルの隙間から嫌悪の微表情が漏洩しました。

　このときの指原さんの心理は何でしょうか。まず、ファンAに対する愛想笑いについてですが、ネガティブなイメージを持たれる方がいるかも知れません。しかし、愛想笑いは礼儀であり、優しさの表れだと著者は思います。写真集を購入してくれ、握手会に参加するために時間を都合してくれたファンの方へ指原さんが示した、礼儀であり、優しさでしょう。

　続いて、ファンBへの返答中に表れた指原さんの嫌悪の表情についてです。ファンの方が写真集を買い増しする、それが嫌だ、と解釈するのは無理があります。

　指原さんの嫌悪の微表情は、「がんばりまーす」と言うポジティブなメッセージが発せられると同時に、生じています。嫌悪が抑制され、笑顔に混入する形で生じているのです。このとき、すでに彼女はアイドルグループの頂点におり、日々頑張っていたことは想像に難くありません。「頑張るのはつらいけど、まだまだ頑張ろう」と自分自身に言い聞かせ、同時に目の前のファンに決意表明しながらも、そのつらさが一瞬嫌悪として表れてしまった、そんな心理が推測できます。彼女は、まだ頑張れる、まだ頑張れると自分に言い聞かせながら、一歩一歩歩み続けて来たのでしょう。それが、今日の人気の所以なのかも知れません。

＊1　この数字のインパクトはどの程度でしょうか。本実験でウソをついていた参加者と正直な話を

していた参加者の割合は、同じでした。つまり、真偽判定をする上で、チャンスレベルは五〇パーセントになります。様々な実験から、ウソに接する頻度が高い職務従事者、例えば警察官や裁判官であろうと、それ以外の一般人であろうと、ウソ検知率は五四パーセントであることがわかっています。微表情の有無から六〇パーセント以上の精度で真偽を区別できるならば、微表情以外の非言語分析法、戦略的な質問法、言語分析法なども組み合わせれば、ウソ検知の精度をさらに高めることが期待できます。実際、ウソあるいは正直な話をしている人物の（微）表情、ジェスチャー、声に関わる一四種類の非言語行動と戦略的な質問法との関係を測定したところ、六二・六〜七二・五パーセントの精度で真偽を区別できることがわかっています。

コラム1　微表情は使えない？

微表情は使えるか、使えないか。ウソや心理を推測するうえで、実用性はあるか、という問題は、学術の世界でも実務の世界でも度々論戦が繰り広げられています。微表情は使えない、と考える論者が好んで取り上げる論文に、ポーターら（二〇〇八）の研究があります。この研究を要約すると次の通りになります。

「実験参加者に様々な感情を喚起させるような写真を見せ、そこから湧き起こってくる感情を抑制してもらった。その結果、全六九七の表情パターンが観られ、そのうち完全な微表情は一つもなく、部分的な微表情ですら、全体の二パーセントしかないことがわかった」

このことから、感情が抑制された状況で微表情が生じることは極めてまれであり、微表情は抑制された感情を検知するのに適していないと主張しているのです。

しかし、著者は実務の中で、ウソをついている犯罪容疑者や、本音を隠しておきたい各国首脳の顔に微表情が表れるのを日々目にしています。また、微表情が決め手となり、有効な心理分析につながることも多く経験しています。

こうした認識の違いはなぜ起きるのでしょうか。著者が実務で観ている微表情は、目の錯覚なのでしょうか。

そもそも微表情とは、前述のとおり一九六〇年代に自殺願望者の顔から漏洩する一瞬の悲しみ表情から発見されました。その後、ウソをついている犯罪者の顔にも微表情が表れることが報告されています。

- 主治医に自殺意図を隠し、退院許可を求めるときの感情の抑制度合い
- 犯罪者が捜査官に本心を読みとられまいとしているときの感情の抑制度合い

これらの感情の抑制度合いと、実験によって写真から湧き起こる感情の抑制度合いを想像してみて下さい。自殺願望者や犯罪者は、ウソがばれることで失うものが大きく、その緊張度合いは実験室でウソをついたり、感情を抑制することとは比べ物になりませ

ん。実社会においてはより強い感情が伴うため、抑制することが困難になり、微表情として表れるのです。

つまり、ポーターらの研究で用いられた感情刺激用の写真では強い感情を喚起させるのに十分ではなく、その結果、微表情の再現に失敗したのだと考えられます。

これまでの研究から、感情が刺激される程度は写真より動画の方が強いことがわかっています。そこで、ヤンら（二〇一三）は、写真ではなく動画に変えて、微表情の出現率を検討しました。その結果、記録された約一〇〇〇個の表情のうち、一秒以下及び〇・五秒以下の微表情は、それぞれ二四五個、一〇九個観察されました。なお、この研究でも微表情は顔全体というより、上半分や下半分など部分的に生じる傾向があることがわかりました。

要するに、静止画より動画の方が、感情が強く刺激されて抑制することが困難になり、微表情が表れやすくなるということです。

なお、ポーターら（二〇一二）は後に、静止画の写真ではあるものの、感情が弱く刺激される写真と強く刺激される写真を用いて、実験参加者の抑制された表情がどのように変化するかを検証しています。実験の結果、概ね、参加者にとって、弱い感情刺激写真に比べ、強い感情刺激写真を観ているときの方が、本心を隠すことが難しく、特に顔の上部において微表情が表れやすくなる傾向を見出しています。

以上の科学知見及び著者の実務経験から、「微表情は使えない」という主張に著者は同意できません。

第二章　人類共通の表情、異なる表情

なぜ表情に注目するのか？

強い苦味を感じるものを口に入れた状態を想像してみて下さい。鼻のまわりにしわが寄せられ、上唇が引き上げられる表情が生じると思います。この表情が生じると、鼻孔の幅が狭くなり、苦味の元がこれ以上体内に侵入するのを防いでくれます。また、口が開くことで、苦味の元を吐き出しやすくしてくれます。これは嫌悪感情の表れ、すなわち嫌悪の表情です。

こんなふうに、感情には身体に行動を促す機能があります。心身の安全が脅かされたとき、身体にその安全を取り戻すための行動を促す、あるいは、生存に必要なものを得られそうなとき、身体にそれを獲得させる行動を促すのです。

また、表情はコミュニケーションにも生きます。嫌悪の表情をすると、他者に「これを食べない方がいいよ」というメッセージを伝えることが出来ます。この表情を読みとることが出来れば、体内に入れたら危険なもの、例えば、腐っているものを摂取しないで済みます。ゆえに、表情を読みとるスキルは重要なのです。

表情を例に説明しましたが、感情は、声やボディーランゲージ（ボディーランゲージは、本来、非言語全般を指しますが、本書では、一般的な用法を意識し、姿勢・身体動作を意味することとしています。詳細は第三章）にも表れます。声のトーンや大きさを通じて感情が生じることもあり、ボディーランゲージを通じて感情が生じることもあります。感情から発せられるメッセージを正しく理解するには、表情、声、ボディーランゲージをトータルで観察することが大切なのは言うまでもありません。

しかし、表情は最も雄弁に感情を語ってくれます。感情は表情、声、ボディーランゲージの順番で、質・量ともに豊富な情報を提供してくれるのです。声からは、幸福・嫌悪・怒り・悲しみ・驚き・恐怖などの五〜七つの感情を聞きとることが出来ます。ボディーランゲージからは、ポジティブ・ネガティブという大まかな感情を把握することが出来ます。そして表情からは、これから紹介する万国共通の七つの感情[*1]、準万国共通の九つの感情など、声やボディーランゲージに比べ、より多彩な情報を得ることが出来るのです。そこで、本章では、現時点でわかっている最新科学の知見に基づき、様々な表情について説明したいと思います。

万国共通七つの表情

本節では、万国共通の七つの表情について説明します。**幸福・軽蔑・嫌悪・怒り・悲しみ・驚き・恐怖**の七つの感情が表情に表れるとき、**国や文化を問わず、いつでも、どこでも、誰にでも同じ表情筋の動きを伴う**ことがわかっています。

表情の万国共通性の起源は、一八七二年にチャールズ・ダーウィンによって書かれた『人及び動物の表情について』にあります。ダーウィンは、感情とその表れである表情は、生物が生きていくために必要な機能であり、ゆえに、生物は感情を表情に表す能力を生まれ持った、と論じました。また、進化の観点から、全ての人間は、民族や文化に関わらず、同じ感情には同じ表情で反応すると論じました。ダーウィンの論考は、過去の文化人類学者の激しい反論に一蹴され、長らく表舞台から姿を消していました。

しかし、一九六二年に発表された一連の研究の中で、シルバン・トムキンスが感情と表情筋との間には密接な関連性があることを提唱します。その後、トムキンスの研究を引き継いだエクマンとキャロル・イザードが、白人の様々な表情写真を他の文化圏に属する人々に見せ、その表情がどんな感情を表しているかを判断してもらう実験をそれぞれに行います。実験の結果、両者の研究とも、文化圏ごとに多少の正解率の違いは観られるものの、どの文化圏に属していようと、概ね白人の表情を正しく解釈できることを示しました。

この結果に、「白人の表情は、マスメディアを通じて世界中に知れ渡っているため、学習された結果を示しているだけではないか」との反論がなされました。そこでエクマンの研究チームは、マスメディアの影響のないニューギニアの先住民族を対象に二つの調査を行いました。一つは、西洋人の様々な表情写真を先住民族の人々に見せ、どんな感情を表しているかを判断してもらう調査でした。もう一つは、先住民族の人々の様々な表情写真を、その民族を見たことのないアメリカ人らに見せ、どんな感情を表しているかを判断してもらう調査でした。調査の結果、西洋人をこれまで見たことのない先住民族の人々も、その民族の人々をこれまで見たことのないアメリカ人らも、お互いの感情を表情から正しく認識できることがわかりました。

このように、写真に写る人物の表情がどんな感情を表しているかを、実験参加者に判断してもらうという研究手法を、判断研究と言います。一方、ある感情が生じたときにどんな表情が伴うかを問題にする生成研究という手法もあります。こちらの手法からも、表情の万国共通性を支持する結果が見出されています。

有名な生成研究は、二〇〇四年に開催されたアテネオリンピック・パラリンピックを舞台にしたものです。そして試合に勝った、あるいは負けたときの柔道選手の表情を記録します。すると、試合に勝利すると幸福や誇りの表情を見せ、負けると怒りや嫌悪、悲しみ、恥などの表情を見せることがわかりました。これらと同じ条件における盲目の柔道選手の表情も記録し、比較します。その結果、目が見える柔道選手も目が見えない柔道選手も同じ状況で同じ表情筋を動かし、感情を表現していることがわかったのです。

この研究以外の生成研究――赤ちゃんの表情研究、動物の表情研究、先天的盲目の子どもの表情研究など――においても、感情と表情に一定の対応があり、表情は生まれ持った現象であることが証明されています。二〇二一年現在、万国共通の表情として七つ、準万国共通の表情として九つが特定されています。それでは、まず万国共通の七感情とそれを表す表情について、それぞれの特徴を説明したいと思います。

1・幸福

幸福感情とは、愉快・満足・喜び・安堵・快楽・興奮・期待・受容・承認などを含むポジ

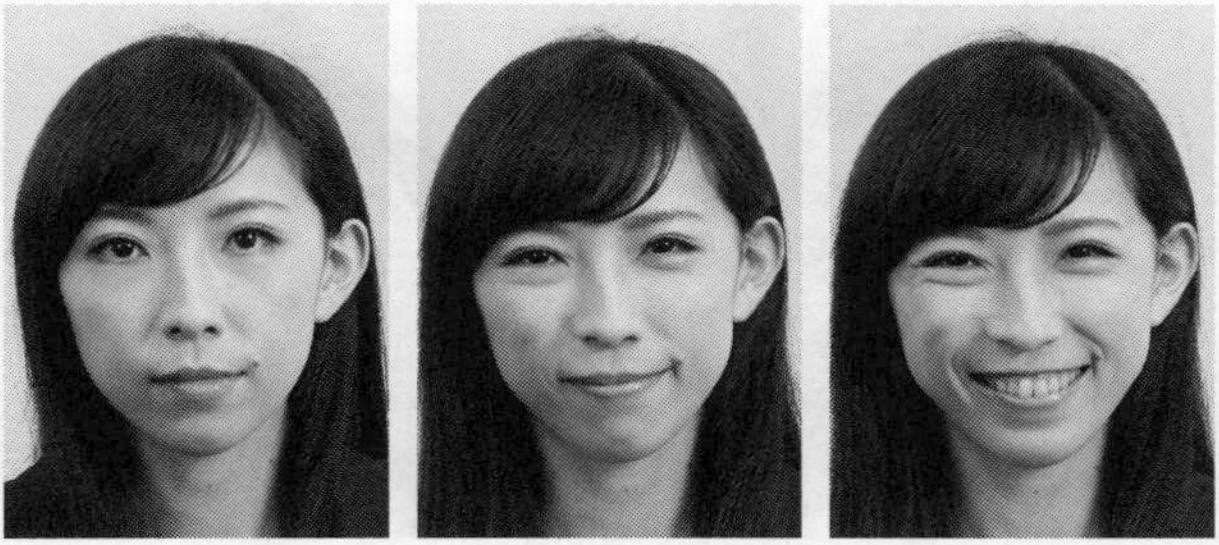

中立　　弱い幸福　　幸福

ティブな感情の総称を言います。幸福感情は、目標を達成することで引き起こされます。

そして**幸福表情とは、いわゆる笑顔**です。幸福表情の特徴は二つです。

①頬が引き上げられる
②口角が引き上げられる

①の動きによって頬が引き上げられます。①の動きは、目の周りを囲む筋肉が収縮することによって引き起こされます。この動きによって、目尻にしわができる。このしわがカラスの足跡に似ているという理由から「カラスの足跡」という呼び方もされています。②の動きによって、ホウレイ線が左右に広がります。感じている感

満足

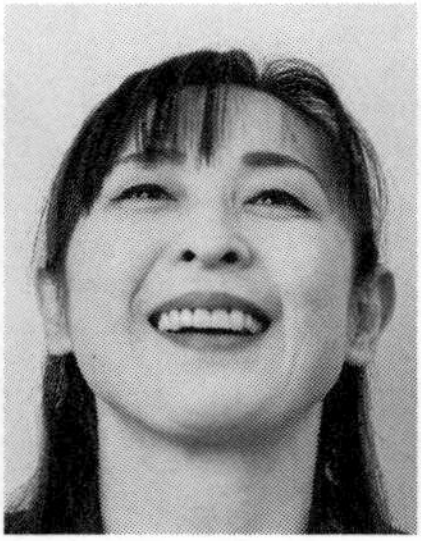
愉快

情の強さによって、①と②の表れ方にも微妙な差が生じます。

また、幸福表情のバリエーションとして愉快と満足があります。

愉快

愉快表情の特徴は五つです。

①まぶたに力が込められる
②頬が引き上げられる
③口角が引き上げられる
④口が開かれる
⑤頭が上げられる

中立

弱い軽蔑

軽蔑

満足

満足表情の特徴は二つです。

①まぶたが引き下げられる

②口角が引き上げられる

2・軽蔑

軽蔑感情とは、優越感・さげすみ・冷笑などを含むネガティブな感情の総称を言います。軽蔑感情は、不道徳な行為を目撃したり、自身が他者に勝っていると感じるときに引き起こされます。

軽蔑表情の特徴は一つです。

①片方の口角が引き上げられる

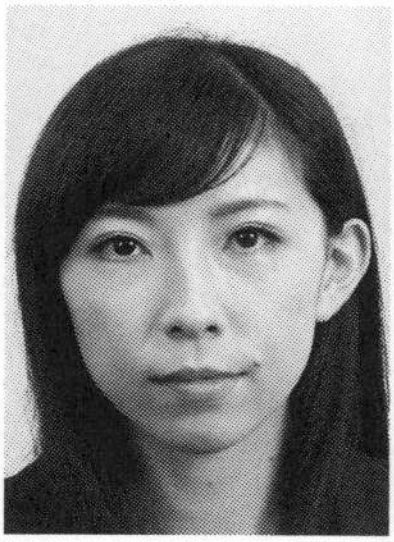
中立

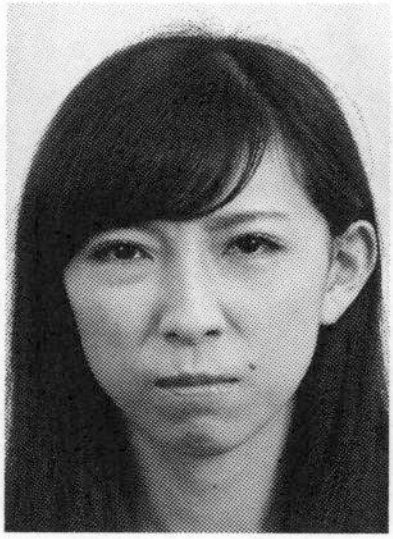
弱い嫌悪

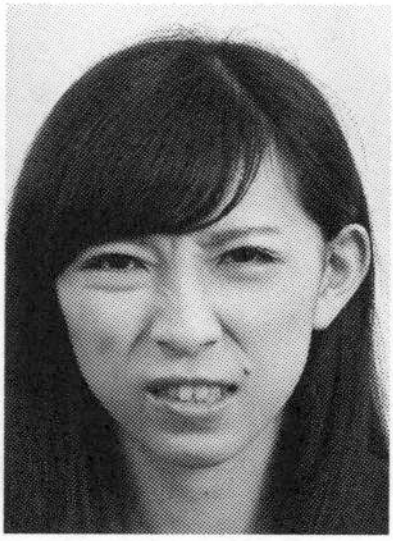
嫌悪

①の動きは、右の口角か左の口角どちらでも構いません。どちらか片方の口角が引き上がれば、それは軽蔑を意味します。①の動きによって、片方の頬が引き上げられ、片方のホウレイ線のしわが横に広がります。片方のみにエクボが作られることもあります。軽蔑が強く感じられているほど①は強く、弱く感じられているほど弱く表れます。

3・嫌悪

嫌悪感情とは、反感・拒否・嫌気・不機嫌・もどかしさなどを含むネガティブな感情の総称を言います。嫌悪感情は、汚染・不快な言動・腐敗したモノに対して引き起こされます。

嫌悪表情の特徴は次の二つです。

①鼻のまわりにしわが寄せられる

②上唇が引き上げられる

①の動きによって、眉は下がり、鼻の穴がふさがり、目が細くなります。②の動きによって、上唇が台形になり、ホウレイ線のしわは深くなります。感じている感情の強さによって、①と②の表れ方にも微妙な差が生じます。

4・怒り

怒り感情とは、苛立ち・煩わしさ・不愉快・不和・不服・難色・憤り・憎しみ・激怒などを含むネガティブな感情の総称を言います。怒り感情は、目標が遮られたり、不正義が感じられることで引き起こされます。

怒り表情の特徴は四つです。

中立

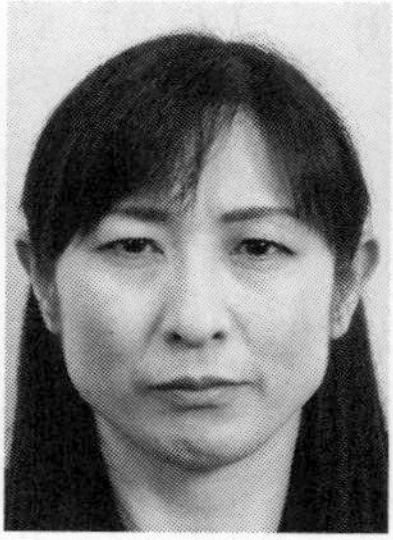
弱い怒り

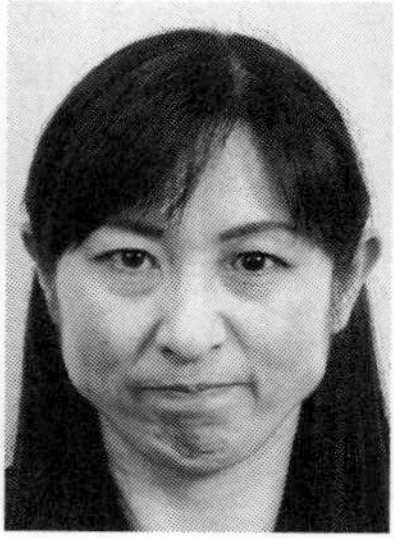
怒り

①眉が中央に寄りながら引き下げられる
②上まぶたが引き上げられる
③下まぶたに力が込められる
④唇が上下からプレスされる／唇に力が入れられながら口が開かれる

①の動きによって、眉間に縦じわか四五度程度の斜めじわができます。②の動きによって、眼球が大きく露出します。③の動きによって、下まぶたの下にしわが深く刻まれます。④の動きによって、唇の赤い部分の面積が小さくなります。感じている感情の強さによって、①〜④の表れ方にも微妙な差が生じます。

5・悲しみ

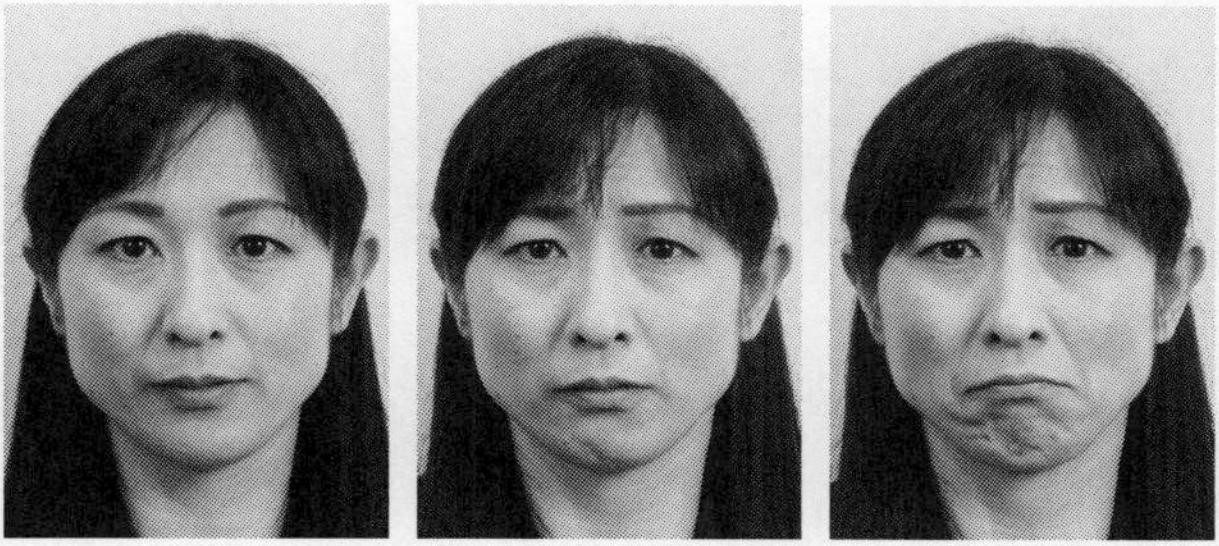

中立　　弱い悲しみ　　悲しみ

悲しみ感情とは、失望・喪失・寂しさ・むなしさ・敗北感・みじめ・期待外れ・幻滅・悲惨などを含むネガティブな感情の総称を言います。

悲しみ感情は、大切なモノ・人や機会などを失うことで引き起こされます。

悲しみ表情の特徴は三つです。

①眉の内側が引き上げられる
②口角が引き下げられる
③下唇が引き上げられる

①の動きによって、眉がハの字になり、額には山状のしわができます。なお①の動きと同時に眉が中央に引き寄せられる場合もあります。

こうした場合、眉間に縦ジワか四五度程度の斜

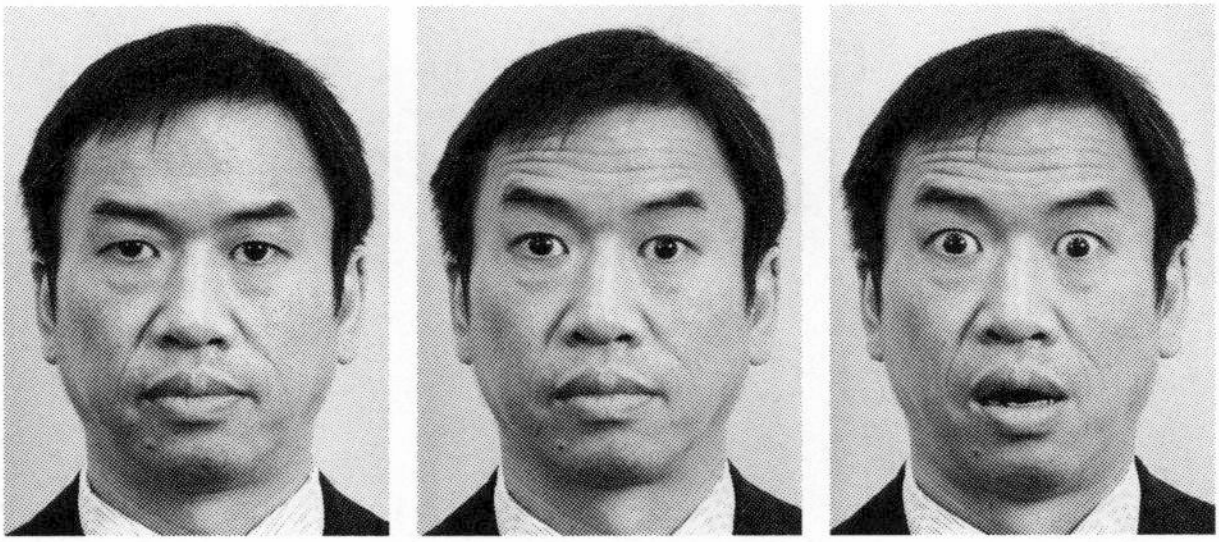

中立　　弱い驚き　　驚き

めジワができます。②の動きによって、ホウレイ線が深くなります。③の動きによって、あごに梅干し型のしわができます。感じている感情の強さによって、①〜③の表れ方にも微妙な差が生じます。

6・驚き

驚き感情とは、当惑・瞠目などを含む中立的（ネガティブかポジティブに限定されない）な感情の総称を言います。驚き感情は、目新しいモノが突然生じることにより引き起こされます。

驚き表情の特徴は三つです。

①眉が引き上げられる
②上まぶたが引き上げられる

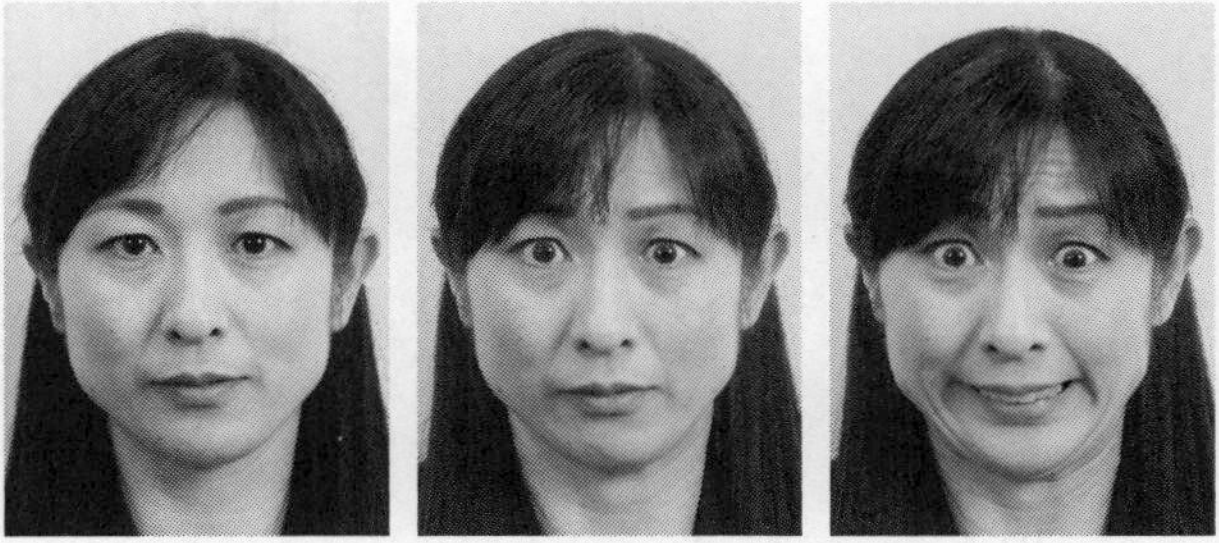

中立　　弱い恐怖　　恐怖

③口が開かれる

①の動きによって、額に水平のしわができます。②の動きによって、眼球が大きく露出します。③の動きによって、上下の唇及び歯が離れます。感じている感情の強さによって、①〜③の表れ方にも微妙な差が生じます。

7・恐怖

恐怖感情とは、不安・不確実・心配・当惑・危惧・警告・脅威などを含むネガティブな感情の総称を言います。恐怖感情は、心身に脅威を感じることで引き起こされます。

恐怖表情の特徴は五つです。

①眉が引き上げられる
②眉が中央に寄りながら引き下げられる
③上まぶたが引き上げられる
④下まぶたに力が込められる
⑤唇が水平に引かれる

①と②の動きが同時に起こることによって、眉は鉤型《かぎがた》となり、額に波状のしわができます。③の動きによって、眼球が大きく露出します。④の動きによって、下まぶたの下にしわが深く刻まれます。⑤の動きによって、口が開き気味になります。感じている感情の強さによって、①〜⑤の表れ方にも微妙な差が生じます。

準万国共通の九つの表情

本節では、国や文化を問わず、いつでも、どこでも、誰にでも表れる準万国共通な九つの表情——羞恥・恥・誇り・痛み・罪悪感・畏怖・同情・欲望・はにかみ——を説明します。**準万国共通の表情とは、万国共通の表情ほど妥当性が認められていないものの、おそらく万国共通なのではないか、と考えられ、目下、積極的に研究が進められている表情**です。準万国共通の九つの感情とそれを表す表情について、それぞれの特徴を説明したいと思います。

1・羞恥

羞恥感情とは、格好悪さ・気まずさ・後悔などを含む感情の総称を言います。羞恥感情は、身体的なミス（人前で転んでしまう等）、あるいは認知的なミス（漢字の読み間違えをする等）をすることによって引き起こされます。

羞恥

羞恥表情の特徴は七つです。

①下まぶたに力が込められる
②口角が引き上げられる

③口角が引き下げられる
④頭が左右どちらかに向けられる
⑤頭が下げられる
⑥視線が下げられる
⑦顔が手に触れられる

概ね、①〜⑦はわかりやすくセットで生じます。なお、②と③の拮抗する動きが同時に起こることによって、ホウレイ線に台形のしわが生じます。

恥

2・恥

恥感情とは、自分に向けられた怒り・孤立感・劣等感・後悔などを含む感情の総称を言います。恥感情は、社会的なルール違反をしたことが周囲に露呈することによって引き起こされます。

恥表情の特徴は二つです。

①頭が下げられる
②視線が下げられる

概ね、①と②はわかりやすくセットで生じます。

3・誇り

誇り感情とは、自己に関わる高評価を含む感情の総称を言います。誇り感情は、価値ある行為を達成することによって引き起こされます。

誇り表情の特徴は三つです。

誇り

①口角が引き上げられる
②唇が上下からプレスされる

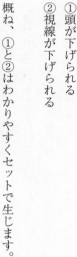

③頭が上げられる

概ね、①②③はわかりやすくセットで生じます。

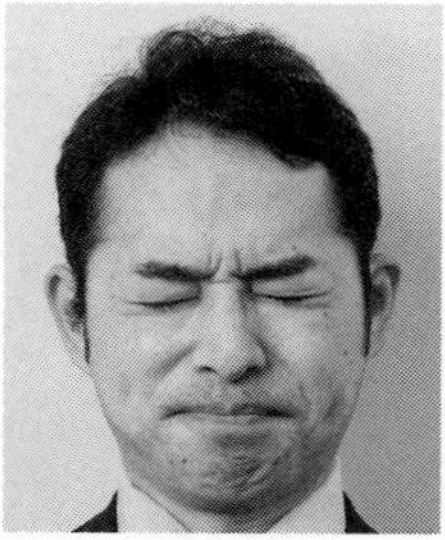

痛み

4・痛み

痛みは、感覚、認知、嫌悪などのネガティブ感情と不可分の複合的な現象だと考えられています。

痛み表情の特徴は八つです。

①眉が中央に寄りながら引き下げられる
②下まぶたに力が込められる
③頬が引き上げられる
④鼻のまわりにしわが寄せられる
⑤唇が上下からプレスされる

⑥唇が巻き込まれる
⑦唇がすぼめられる
⑧下唇が引き上げられる

概ね、①〜⑧はわかりやすくセットで生じます。

罪悪感

①左の口角が引き上げられる
②視線が下げられる

5・罪悪感

罪悪感とは、自己卑下・後悔・良心の呵責・失望などを含む感情の総称を言います。罪悪感は、自分に課したルールや社会のルールを違反することによって引き起こされます。

罪悪感表情の特徴は三つです。

③頭が下げられる

概ね、①〜③はわかりやすくセットで生じます。

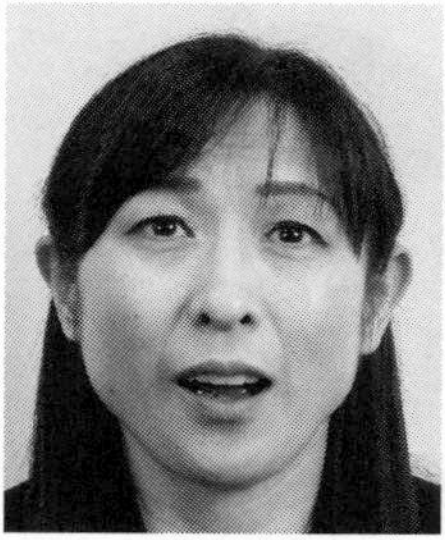
畏怖

①眉の内側が引き上げられる
②上まぶたが引き上げられる
③口が開かれる
④頭が上げられる

6・畏怖

畏怖感情とは、混乱・驚き・好奇心などを含む感情の総称を言います。畏怖感情は、偉大な力や人、モノの存在を感じることによって引き起こされます。

畏怖表情の特徴は四つです。

概ね、①〜④はわかりやすくセットで生じます。

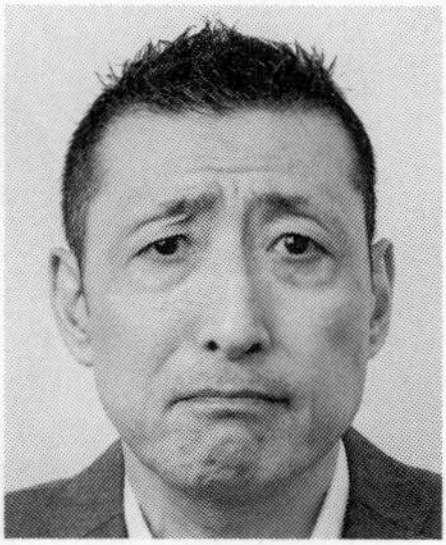

同情

①眉の内側が引き上げられる
②下唇が引き上げられる
③唇が上下からプレスされる
④頭が前方に向けられる

7・同情

同情感情とは、哀れみ、残念などを含む感情の総称を言います。同情感情は、他者の不幸な状況、苦痛や苦難・苦悩を感じることによって引き起こされます。

同情表情の特徴は四つです。

概ね、①〜④はわかりやすくセットで生じます。

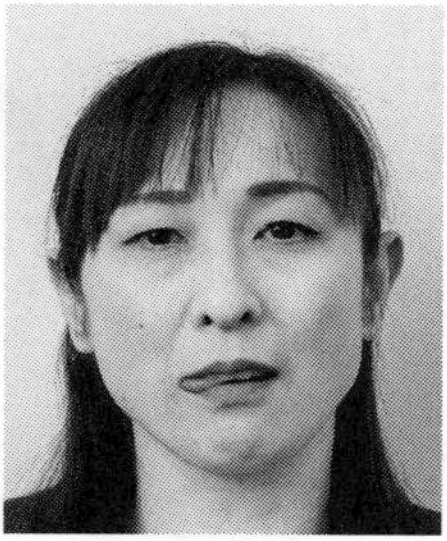

欲望

8・欲望（性欲・食欲）

欲望感情とは、何かを欲しいと強く望む感情のことです。欲望は様々な対象に向けられますが、表情との関連でわかっているのは、性欲と食欲です。

欲望表情の特徴は三つです。

①まぶたが引き下げられる
②舌が出される
③口が開けられる

概ね、①〜③はわかりやすくセットで生じます。なお、写真では大げさに見えるかもしれませんが、現実世界では、性欲や食欲を積極的に表明することは多々、憚られるため、こういった表情が抑制的かつ瞬間的に顔に生じているのです。ペロッと一瞬、舌なめずりをするイメージです。

はにかみ

9・はにかみ

はにかみ感情とは、特に、恋愛や性についてシャイである、あるいはシャイや無垢なふりをしているときに引き起こされる感情です。

はにかみ表情の特徴は七つです。

①まぶたに力が込められる
②頰が引き上げられる
③口角が引き上げられる
④口が開かれる
⑤頭が右に向けられる
⑥頭が下げられる

⑦視線が左に向けられる

概ね、①～⑦はわかりやすくセットで生じます。

万国共通の表情と準万国共通の表情の機能上の違い

万国共通及び準万国共通の感情と、表情の特徴についてみてきました。本節では、両者の感情と表情の機能上の違いを理解します。

万国共通の表情は、身体に行動を促す機能が第一義にあり、コミュニケーションとしての機能は二義的です。一方、**準万国共通の表情は、コミュニケーションとしての機能の方が強いのです。**

身体に行動を促す機能は、生存に必須な機能です。恐怖を感じなければ、危険なものに近づいてしまい、命をリスクにさらしてしまいます。「ここに危険なものがあるよ」と周りに知らせるコミュニケーションよりも、自分がその対象から距離をとることの方が重視されます。自分の身の安全が確保されなければ、落ち着いて周りに危険信号を発することが出来ます。

せん。嫌悪を感じなければ、有害なものを食べてしまい、身体を壊してしまいます。有害なものであることを周りに伝えるコミュニケーションよりも、自身の生存と健康の維持が重視されるのです。

一方、**準万国共通の表情**は、回り回って自身の生存確率を高めてくれることにはなりますが、**他者の存在を意識して初めて生じる感情・表情であり、集団の中で人間として適切に振る舞うために必要な感情表現**です。したがって、コミュニケーションとしての機能の方が重要になります。

恥を表明することで、周囲に「間違いを認め反省しているのだな」と思わせれば、関係性の改善に一役買うでしょう。誇りを表明することで、周囲に「この人は凄いな」と思わせれば、一目置かれる可能性が高まります。罪悪感・畏怖・同情・欲望・はにかみ表情に至っては、身体に行動を促す機能はさらに影を潜め、ほとんどコミュニケーションの機能に特化しています。したがって、万国共通の七表情が、ときに抑制され、部分的な表情として生じることがある一方で、準万国共通の表情は顔全面にわかりやすく生じる傾向にあるのです。

万国共通及び準万国共通の表情の機能について説明します。

万国共通

幸福……身体に行動を促す機能として、モチベーションを維持、あるいは誘発させる働きがあります。コミュニケーションの機能として、相手に敵意がないことを示す働きがあります。

軽蔑……身体に行動を促す機能として、自尊感情を守らせる働きがあります。コミュニケーションの機能として、相手に自身が優れていることを示す、あるいは、不道徳な行為を指摘する働きがあります。

嫌悪……身体に行動を促す機能として、不快なヒト・モノ・言動を排除させる働きがあります。コミュニケーションの機能として、相手に避けるべき食物や不愉快な言動を伝える働きがあります。

怒り……身体に行動を促す機能として、障害を取り除かせる働きがあります。コミュニケーションの機能として、相手に脅威を警告する、あるいは、優勢であることを伝える働きがあります。

悲しみ……身体に行動を促す機能として、涙腺を緩ませる、幸福表情との差異を際立たせる働きがあります。コミュニケーションの機能として、相手に助けや共感を求める働きがあります。

驚き……身体に行動を促す機能として、視界を広め、情報を検索させる働きがあります。コミュニケーションの機能として、相手に情報を検索していること、あるいは、注目に値する情報があることを伝える働きがあります。

恐怖……身体に行動を促す機能として、脅威を回避させる働きがあります。コミュニケーションの機能として、周囲に脅威を警告したり、敵対者をなだめる働きがあります。

準万国共通

羞恥……身体に行動を促す機能として、潜在的な脅威から回避させる働きがあります。コミュニケーションの機能として、低められた自己像を修正したり、謝罪しようとする働きがあります。

恥……身体に行動を促す機能として、潜在的な脅威から回避させる働きがあります。コミュニケーションの機能として、低められた自己像を維持しようとしたり、周囲に社会的ルールを大切に思っていることを伝える働きがあります。

誇り……身体に行動を促す機能として、テストステロン（やる気を向上させるホルモン）を高め、肺活量を増やし、好戦的な相手と戦う準備を整えさせる働きがあります。コミュニケーションの機能として、周囲に自分の地位が高いことを伝える働きがあります。

痛み……身体に行動を促す機能として、痛み刺激を拒否する働きがあります。コミュニケーションの機能として、痛みを伝え、痛みを軽減する手助けをしてもらう、と考えられています。しかし、意識がない方の顔にも痛み表情が生じることがわかっており、痛み表情を通じて、必ずしも意図的なコミュニケーションをしているわけではないとも考えられています。

罪悪感……コミュニケーションの機能として、ルール違反を認めたり、謝罪を伝える働きがあります。

畏怖……コミュニケーションの機能として、注意・関心・好奇心・探求心・服従心を伝える働きがあります。

同情……コミュニケーションの機能として、相手が感じている苦痛や苦難・苦悩に心を動かされ、心苦しく感じていることを伝える働きがあります。

欲望（性欲・食欲）……コミュニケーションの機能として、相手に欲情していること、あるいは、食物を食べたいことを伝える働きがあります。

はにかみ……コミュニケーションの機能として、相手に興味を持ってもらいたいという意図を伝える働きがあります。

それぞれの機能について知ることで、表情の違いに応じて相手が欲していることや相手がしたい行動を、表情を抑制しているならば行動に移したいものの移せないことを、推測することが出来ます。

思考と関わる表情

ここまで生存に関わる、あるいは社会の中でより良く生きていくための、感情表現としての表情について説明してきました。本節では、思考と関わる表情について説明したいと思います。

1・熟考

熟考とは、集中して考えている状態で、頭を使うことによって引き起こされます。身体に行動を促す機能として、集中度を引き上げさせる働きがあります。コミュニケーションの機

熟考

能として、相手に考え中であること、相手の話を理解できていないということを伝える働きがあります。

熟考表情の特徴は二つです。

①眉が中央に寄りながら引き下げられる

②まぶたに力が込められる

これらの動きが単体、あるいはコンビネーションとして生じます。なお、熟考は視線の動きとも関係しています。何かを考えるとき、視覚情報をシャットアウトした方が集中できます。だから、私たちは熟考するとき、視線を正面から逸らすので、上または下に視線を落とすことが多いでしょう。上は天井、下は床で、視覚に入る情報が少ないからです。そして、極めつきはまぶたを閉じることです。こうすることで視覚情報を完全に遮断することが出来ます。

熟考表情のバリエーションとして、認知負担という表情があります。[*2]

認知負担

認知負担表情は、熟考よりも頭を使っているときに生じる表情です。

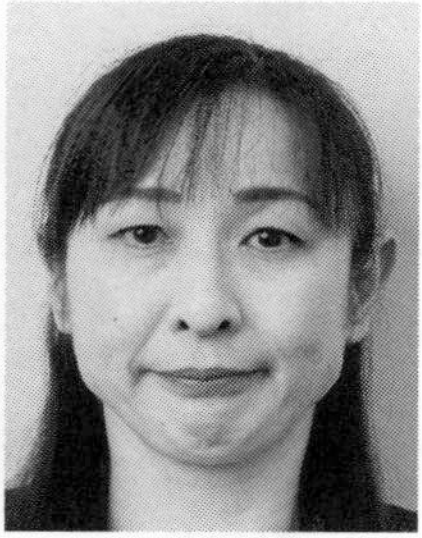

認知負担①

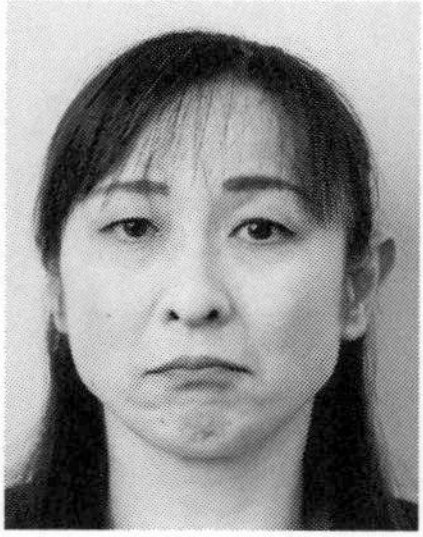

認知負担②

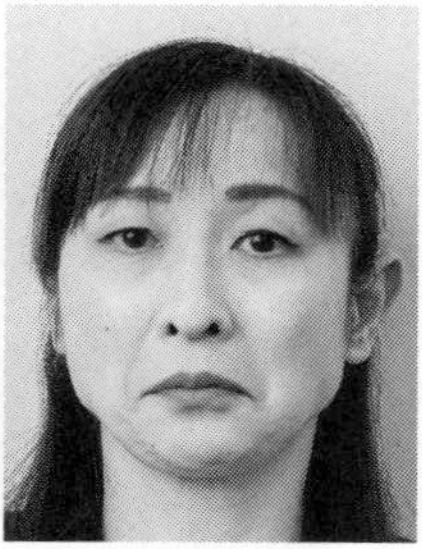

認知負担③

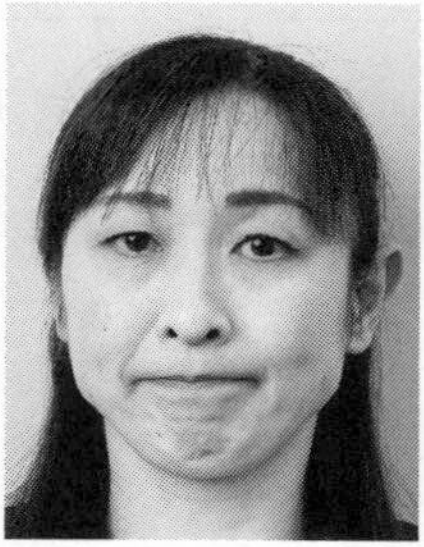

認知負担④

認知負担表情の特徴は四つです。

①エクボが作られる
②下唇が引き上げられる
③口角が引き下げられる
④唇が上下からプレスされる

これらの動きが単体あるいはコンビネーションとして生じます。

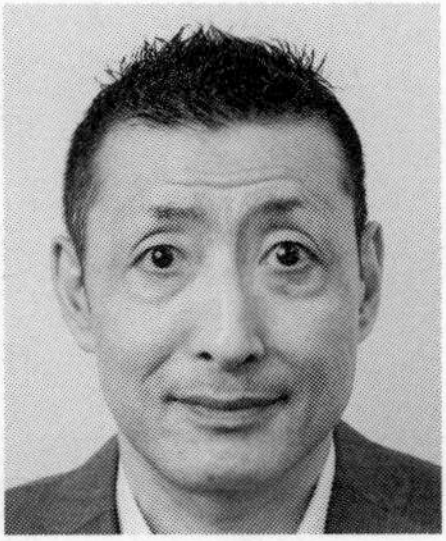

興味・関心

2・興味・関心

興味・関心とは、驚きに類似した状態です。

興味・関心は、新奇な出来事がポジティブに捉えられることによって引き起こされます。身体に行動を促す機能として、情報を広くポジティブに収集させる働きがあります。コミュニケーションの機能として、相手に興味・関心があることを伝える働きがあります。
興味表情の特徴は二つです。

①眉が引き上げられる
②口角が引き上げられる

これらの動きが単体あるいはコンビネーションとして生じます。

退屈

退屈表情の特徴は三つです。

3・退屈

退屈とは、覚醒状態が低く不快感を伴う状態を言います。退屈は、対象に興味・関心が持てないことによって引き起こされます。身体に行動を促す機能及びコミュニケーション機能は、不明です。

①まぶたが引き下げられる

②頭が傾けられる

これらの動きが単体あるいはコンビネーションとして生じます。

本節で説明している思考と関わる表情は、一九六〇年代からその存在が指摘されていましたが、生存に関わる感情と表情の研究が優先され、近年までそれほど注目されて来ませんでした。

そんな折、特に二〇〇〇年以降、これまで有資格者——ＦＡＣＳ（Facial Action Coding System：顔面動作符号化システム）という顔面筋の動きを約四〇のユニットに分け、それぞれの動きを包括的かつ客観的に特定するためのマニュアルを学習し、認定テストに合格した者——の目視により行われていた表情分析が、ＡＩによる自動表情分析に代替されるようになってきました。

自動表情分析ソフトウェアが各メーカーから発売され、様々な用途が試行される中、学習中の感情に焦点があてられるようになりました。インターネットを介したオンライン学習が注目を集め出したためです。学習中の表情変化に合わせて、学習者にとって適切なレベルの解説を提示させたり、問題を出題させることが出来れば、教室などでのオフライン学習に劣らないどころか、凌駕できるのではないか、という期待が込められています。

こうした変遷を経て、思考と関わる表情が続々と研究され始めました。研究の結果から、思考と関わる表情として熟考、興味・関心、退屈表情が特定されています。これらの表情は、身体に行動を促す機能とコミュニケーションの機能の両方があると考えられます。したがってこれらの感情が抑制されれば部分的に、伝達意思が強ければ顔全面にわかりやすく、表情として生じる可能性が高いと考えられます。

その他の色々な表情

ここまで様々な表情を説明して来ましたが、表情をさらに細かく分類していくと、約一万種類になると言われています。二つ以上の感情が合わさった表情、何らかの感情を抑制しているときの表情、落ち着かない感情をなだめるための表情、挨拶や合図などの言葉と同じような意味を持つ表情、などがあります。まだまだ他にも色々な表情がありますが、本書の目的に鑑み、コミュニケーションの場で実践的に使いこなせる表情に絞り、説明しました。それでも、かなりの量だと思います。章末の練習問題にトライする直前や実際のコミュニケーションで疑問に思ったときなど、必要に応じて読み返し、使える知識にして頂ければと思います。

アメリカンスマイルとジャパニーズスマイル

著者が、雑誌の連載やセミナーなどの場で「七つの表情は万国共通です」と述べると、多かれ少なかれ「万国共通とは思えない」というリアクションを国内外問わず頂きます。「アメリカ人は表情が豊かで七つの表情を生じさせるかも知れないが、うちの国は違うだろう」、そんなリアクションです。

このように感じられる原因は、主に二つに集約できます。一つは、**どんな状況においてどんな表情であるべきかの文化的なルールは違う**ということ、もう一つは、**刺激に対してどんな感情が想起されるかは個人・文化によって異なる**ことがある、の二点です。

一つ目の、どんな状況においてどんな表情であるべきかが文化によって定まっていることを、**表示規則**と言います。

例えば、公園で元気に駆け回っている男の子が転んだとします。男の子は立ち上がりますが、お母さんの顔を見て、今にも泣きだしそうな表情をしています。そんなとき、お母さんが、「男の子なんだから泣かないの」と男の子に語りかけたとします。これが表示規則です。男の子でも女の子でも、痛い思いをしたら泣きたくなるはずですが、**「男は強くあるべし」という価値観の文化圏では、「男は涙を見せるべからず」というルールが幼い頃から教え込まれ、それが成人しても影響を及ぼし続ける**と考えられています。

こうした表示規則の存在を如実に示す有名な実験があります。アメリカ人及び日本人の実験参加者らに、実験室に一人で入室してもらいます。実験室にはモニターがあり、モニターに映し出される映像を観るようにお願いします。そして、映像を観ている実験参加者の表情を隠しカメラで記録するのです。モニターには、気分が悪くなるような映像が映し出されます。映像を一人で観た実験参加者らは、国籍問わず、**鼻のまわりにしわを寄せる嫌悪表情**を生じさせました。今度は、この実験を「一人で」という条件だけを変え、研究者も同室の上で観てもらいます。すると、**アメリカ人は先ほどと変わらず嫌悪表情を生じさせたのに対し、**

日本人は幸福表情を生じさせたのです。

個人主義的な文化に生き、個性が重視されているアメリカ人は、周囲の人々に左右されず、自由に自分の感情を表出するのに対し、集団主義的な文化に生き、調和が重視されている日本人は、研究者という権威のある人物がいる前で、自分の感情を表出させて集団・場の調和が乱れてしまうことを恐れ、嫌悪表情を抑制し、幸福表情を表出させたのではないかと考えられています。

「ジャパニーズスマイルは不可解だ」と欧米の方に言われることがありますが、これは集団主義的な生活に根付いた日本人の表示規則が理解されないことから来る感想だと考えられます。例えば、大雨で床下浸水の被害を受け、家の一階が水浸しになってしまった方が、「ほんと大変なのよ〜」と言いながら軽く笑顔を浮かべつつ、テレビのインタビューに答えている様子を観たことがあります。一方、似たような被害を受けたアメリカ人は、怒りや悲しみなどのネガティブな表情を浮かべ、インタビューに答えていました。私たち日本人は、権威のある人物に対してだけでなく、広く想像上の内集団——協力関係を維持する、あるいは、そうした関係が予想される集団——を意識し、ネガティブな感情が生じようとも、愛想笑いで調和を保とうとするのだと考えられます。

次に、二つ目の刺激に対してどんな感情が想起されるかは個人・文化によって異なることがある、ということです。例えば、納豆を目の前にどんな感情が生じるでしょうか。納豆が大好きな方は嬉しくなり、幸福表情が生じるでしょう。一方で、納豆が大嫌いなら、嫌悪表情が生じるでしょう。このように、ある刺激を、個人的、あるいは文化的な経験を経た脳がどう処理するかによって、生じる感情が異なり、表情も変わります。エスカルゴやドリアン、あるいはウサギやカエルの肉ならいかがでしょうか。

無論、刺激は食べ物だけに限りません。特定の宗教や主義・思想をどう感じるかは、人によって大きく異なるでしょう。

ある研究は、怒りと嫌悪の微表情を認識する能力が高い人ほど、自身が所属する集団に上手く馴染むことが出来ているのではないかと考察しています。インターナショナルスクールに通う様々な民族出身の学生に、微表情検知テストと異文化適応力測定テストを受けてもらいます。両者のスコアの関係を分析したところ、怒りと嫌悪の微表情認識率が高まるにつれ、異文化適応力測定テストのスコアも高まる、という関係がわかりました。

これは何を意味するのでしょうか。**他者の怒りや嫌悪の表情・微表情を読むことが出来れば、相手の大切にしたい価値観がわかる**からです。怒りという感情は、不正義や目的達成を邪魔する障害が原因になって引き起こされます。嫌悪という感情は、不快なヒト・モノ・言動が原因になって引き起こされます。人間関係が始まったばかりの状況では、自分を取り巻く個々人がどんな想いを持ち、どんな価値観を大切にしているかを明確につかむことは困難です。コミュニケーションをしながら、相手がどんな場面で怒りや嫌悪を感じているかを知ることで、相手の価値観を理解し、不快になることは避けようと行動するようになる、と考えられています。

一方、他者が怒りを感じていたり、不快感を抱いているのに気付けなければ、相手が大切にしたい価値観を察することができないのですから、知らず知らずのうちに周りから距離をとられてしまい、その環境に馴染むのは難しくなるでしょう。

刺激に対してどんな感情を抱くかは個人・文化次第の面があるものの、感情と表情の密接な関係は、個人、年齢、文化、性別、時代さえ問わず、万国共通なのです。

ドーピング疑惑のアスリート

微表情の話をしていると必ず聞かれる質問があります。「微表情はウソをついている証拠になるものですか」という質問です。著者はいつも「微表情は、確かにウソに伴って生じる可能性の高い現象です。しかし、ウソをついている証拠になるものではありません。微表情はホットスポット、すなわち、アンテナを張って相手の言動に注意すべきポイントです」と答えています。どういう意味でしょうか。

私たちは、**ウソをつこうとするとき、「恐怖、嫌悪、軽蔑、罪悪感、騙す喜び」といった感情が生じます**。

ウソがばれてしまうことを恐れ、ウソが露呈しそうな質問を嫌悪し、ウソをつく自分に自己嫌悪や罪悪感を抱く一方で、ウソを首尾よくつけていることに軽蔑（≒優越感）や喜びを抱く、ということです。

これらの感情が表情にわかりやすく表れてしまうと、ウソがばれます。ゆえに人はウソをつくとき、その感情を抑制しようとします。しかし、その抑制の隙間から微表情が漏洩してしまうのです。ウソに伴う感情は主にこれら五つですが、個人差によって様々な感情が生じ得、また、感情以外の顔面筋の動き、例えば、認知的負担を示す顔面筋の動き（頭をフル回転させているときの顔面筋の動き）も微表情として表れることが、近年の研究でわかっています。

ただし、微表情はウソの証拠になるものではありません。たとえウソをついていなくても、嫌悪や恐怖といった表情が表れることもあるためです。例えば、ウソをついていなくても冤罪になることを恐れ、嫌疑をかけられている自分に罪悪感を抱き、どうしても答えられない質問に自己嫌悪し、潔白な人を疑う意地の悪い見解を軽蔑し、疑いをかけられている状況がバカバカしく笑えてくる、ということもあり得ます。

それでは微表情を、どう捉えればよいのでしょうか？

興味深いケースから解説します。ニューヨークヤンキースのアレックス・ロドリゲス選手がインタビューに答えているシーンです。

質問者：ステロイドや筋肉増強剤などを使ったことがありますか？

ロドリゲス選手：いいえ。

ロドリゲス選手が「いいえ」と答えたとき、一瞬だけ、左側の口角が引き上げられました。これは軽蔑の微表情です。つまり、ロドリゲス選手は質問者の質問に対し軽蔑を感じていると同時に、その感情を抑制しようとしているのです。その理由は何でしょうか。ウソをついているからでしょうか。

軽蔑という感情の働きから考えます。軽蔑とは、相手を道徳的に卑下しているか、優越感を抱いているときに抱く感情です。とすると、そこから解釈できることは二つ。

解釈①：ステロイドなど使ったことがない、つまり、ロドリゲス選手はウソをついていない、と仮定すると、「潔白な人間を疑うなんて、道徳心のない人だ」と思い、質問者を軽蔑している心理が推測できます。

解釈②：ステロイドを使った、つまり、ロドリゲス選手はウソをついている、と仮定すると、「ステロイドを使用した証拠は出てこない自信がある」と思い、質問者に優越感を抱いている心理が推測できます。

困りました。感情の解釈としては、どちらもあり得てしまうのです。ではどうするか？解決策は、単純です。辻褄が合う回答を得られるまで、角度を変えて質問を重ねればよいのです。これが「微表情はホットスポット」という意味です。ある話題に微表情が生じたら、その話題を深掘りせよ、ということです。「なぜこの人はこの話題や質問について感情を抑制しなくてはいけないのだろうか」「感情が抑制される、あるいは、この感情が生じる合理的な理由は何だろうか」と考え、納得のいくまで質問を重ねればよいのです。

なお、ロドリゲス選手ですが、このインタビュー後、ステロイドを使ったことを告白しました。微表情の発現をもってウソと即断することは避けるべきですが、微表情は、他のウソのサインに比べ、ウソをついている人の顔に浮かぶ確率が高い現象であることは確かなのです。

では、今までの話を踏まえ、ここで練習問題を出してみます。

【練習問題1】会議についていけていないのは誰？

あなたは、企画会議の席でプレゼンテーションをしています。すると、同僚のうちの一人が、ある表情を数秒間、浮かべました。会議を円滑に進めるためにどの人物にどんなアプローチをすればいいでしょうか？

それでは解説です。②の人物に「質問を促す」「ここまでの説明の中で不明瞭な点があるか聞いてみる」が適切なアプローチです。**②の人物の顔には、眉が中央に寄せられ引き下がる表情が生じています。これは熟考を意味する表情**です。「怒り表情かも知れない」と思われた方もいらっしゃると思いますが、怒りである可能性は低いです。それは、この表情を数秒間生じさせていることから推測できます。仮に会議の場で怒りを抱いたとしても、通常、怒りを顔に出すことは躊躇《ためら》われるため、〇・五秒の微表情として生じる可能性が高いからです（②の人物が傍若無人の場合は別ですが）。

熟考のコミュニケーション機能は、相手に考え中であること、相手の話を理解できていないということを伝える働きです。したがって、②の人物の想いを汲み、質問を促したり、ここまでの理解を問うことで会議を円滑に進められるでしょう。

【練習問題2】最終案に渋々同意しているのは誰？

先の企画会議の続きです。プレゼンテーションも終盤。最終的にA案、B案の二つの企画案が残りました。そこであなたは多数決を取ることにしました。A案に賛成する人に挙手を求めたところ、全員がA案に手を挙げました。しかし、ある人物の一瞬の表情に違和感を抱きます。後々、その人物に「やっぱりB案がよかった」と言われてしまい、A案の企画が進まなくなることを懸念しました。そうした事態にならないためには、どの人物にどんなアプローチをすればいいでしょうか？

それでは解説です。②の人物に「A案の問題点は何だと思いますか」と問うことが適切なアプローチです。同時に①③

の顔に、唇が上下からプレスされる表情が生じていることもやや気になります。余裕があれば、①③の人物に意見を聞いてもよいでしょう。しかし、特に気にする必要があるのは②の人物です。

②の人物の顔には、**鼻のまわりにしわが寄せられる表情が生じています。これは嫌悪を意味する表情**です。つまり、A案を不快に思っているのではないでしょうか。そこで今一度、A案の問題点を聞く、納得できない理由を聞くなどすると、問題点が浮かび上がり、A案をよりブラッシュアップさせることが出来るかも知れません。

【練習問題3】複雑な感情の綾を見抜く

本文では個別の表情について説明してきました。しかし、感情は単体で表情に表れるとは限らず、複数の感情が同時に表情に表れることがあります。これを混合表情と言います。ここで、練習問題を通じて混合表情に慣れて頂きたいと思います。

それでは問題です。以下の表情は、どの表情とどの表情の混合でしょうか。

解説の前に混合表情の読みとりポイントをお教えします。それは、表情を上下に分けて部

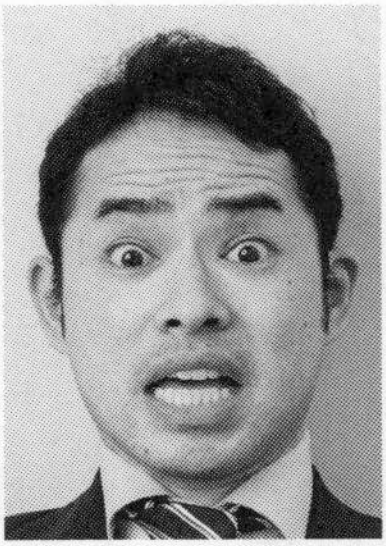
③

②

①

⑥

⑤

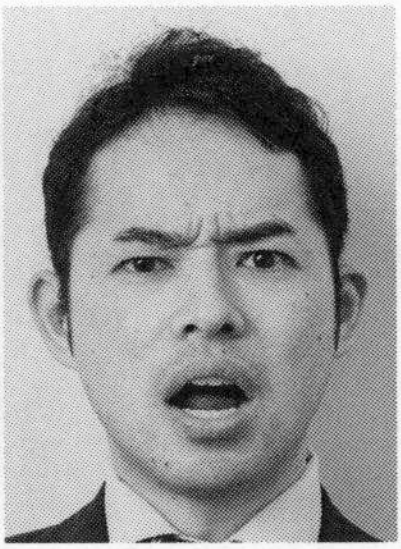
④

㋐恐怖＋驚き　㋑怒り＋驚き　㋒嫌悪＋驚き
㋓幸福＋驚き　㋔幸福＋嫌悪　㋕怒り＋嫌悪

分で観る、ということです。部分的に観ることで全体の印象に惑わされず、正確に個別の表情の特徴を抽出することが出来ます。

それでは解説です。①**は、**㊃**幸福＋驚き**です。口角と頬が引き上げられる表情から幸福を、口が開かれ、上まぶたと眉が引き上げられる表情から驚きを読みとることが出来ます。②**は、**㊄**幸福＋嫌悪**です。口角と頬が引き上げられる表情から幸福を、鼻のまわりにしわが寄せられる表情から嫌悪を読みとることが出来ます。③**は、**㋐**恐怖＋驚き**です。口角が水平に引かれ、下まぶたに力が込められている表情から恐怖を、口が開かれ、上まぶたと眉が引き上げられる表情から驚きを読みとることが出来ます。④**は、**㋑**怒り＋驚き**です。上まぶたが引き上げられ、眉が中央に寄りながら引き下げられる表情から怒りを、口が開かれ、眉が引き上げられる表情から驚きを読みとることが出来ます。⑤**は、**㋕**怒り＋嫌悪**です。唇が上下からプレスされ、眉が中央に寄りながら引き下げられる表情から怒りを、鼻のまわりにしわが寄せられる表情から嫌悪を読みとることが出来ます。⑥**は、**㋒**嫌悪＋驚き**です。鼻のまわりにしわが寄せられる表情から嫌悪を、上まぶたと眉が引き上げられる表情から驚きを読みとることが出来ます。

その他、様々な表情の組み合わせが考えられます。なお、混合表情は大抵二つの感情、多くて三つの感情表現から構成されます。みなさんもぜひ自身のお顔で混合表情を作り、その表れ方がどのようなものか、確認してみることをオススメします。

＊1　世界中の感情研究者約二五〇名を対象にしたアンケート調査によれば、怒り（九一パーセント）、恐怖（九〇パーセント）、嫌悪（八六パーセント）、悲しみ（八〇パーセント）、幸福（七六パーセント）、愛恥・驚き・羞恥（四〇～五〇パーセント）、罪悪感（三七パーセント）、軽蔑（三四パーセント）、同情（三二パーセント）、畏れ（三一パーセント）、痛み（二八パーセント）、妬み（二八パーセント）、（二〇パーセント）、誇り（九パーセント）、感謝（六パーセント）が、括弧内の割合で万国共通の感情であるとの回答が得られています。科学の世界は多数決ではないため、同意率が高ければ高いほど妥当性が増すというわけではありませんが、次節で解説する万国共通の七表情のうち六表情が、概ね五〇パーセント以上の同意率を得ています。万国共通か否かという分類は、学者の価値観や経験値、研究方法に因るところが大きいと考えられます。著者が重視している点は、自然な表情が生じる状況で実験・観察されており、適切にその表情が計測されているかです。本書では、これらの条件を満たす研究知見をもとに万国共通の程度を分類しています。

＊2　熟考表情のバリエーションとして、フラストレーションや混乱表情を検討している研究もあります。

コラム2 「モナ・リザ」は何を考えていたのか？

みなさんは、モナ・リザの表情から「彼女」のどんな感情を読みとりますか。一見して、「微笑み」を読みとることが出来ますが、レオナルド・ダ・ヴィンチはこの「微笑み」に色々な仕掛けをしていそうです。

最初に目周辺の表情を観てみましょう。感情の痕跡を表情から探ります。怒りは、眉の下がり具合から、恐怖は、下まぶたの緊張からわかりますが、モナ・リザが絵であり、「彼女」の真顔の状態がわからないことから、こうした表情は見出せません。

恐怖が見出されるとしたら、下まぶたが虹彩にかかっている点です。人が恐怖を感じるとき、下まぶたが緊張し、虹彩にかかることが知られています。しかし、これも真顔の状態がわからないため（涙袋が大きくて、普段から下まぶたが虹彩にかかっている人もいるため）、判断が難しい。また、通常、恐怖の目は、上まぶたの引き上げに加え、下まぶたの緊張が伴う形で引き起こり、下まぶたの緊張のみで恐怖が表れるという例は聞いたことがありません。したがって、このモナ・リザの絵から、自信を持って恐怖を読みとることは困難です。

次に目から下の表情を観てみます。左右の口角が引き上げられています。ここから幸福表情を読みとることは容易です。左右の口角が引き上がるとホウレイ線が水平方向に広がるのですが、「彼女」の顔には、それが明確には表れていません。幸福感情がそれほど強くない、あるいは、ネガティブな感情を隠そうとしているか、ネガティブな感情と複合的な状態にいる、といった可能性があります。

「彼女」の人中（鼻と口との間にある縦の溝のこと）と口角の間の筋肉が、わずかですが盛り上がっています。この影響により、ホウレイ線の上部分も上に盛り上がっているように見えます。これは嫌悪の可能性があります。また、右に比べ、左の口角がわずかに引き上げられています。これは軽蔑の可能性があります。

なぜモナ・リザの微笑みの中にはこれほどまでに様々な感情が込められているのでし

ょうか。モナ・リザのモデルをめぐる議論の中で、モナ・リザはレオナルド自身ではないか、という説があります。モナ・リザとレオナルドの肖像画を重ね合わせると、二つの顔が、口角の一部を除いてぴったりと重なり合うそうなのです。

同性愛者だったとされるレオナルドは、弟子のサライ（男）を溺愛していたと言われています。しかし、サライに自分の想いが届かない。それでは、サライに愛してもらえる姿に、絵の中だけででもなり、サライに愛してもらおう……。そんな推測も成り立つのではないでしょうか。

一見、柔らかな微笑みを見せる美しい女性、モナ・リザ。しかし、その微笑みの中に込められた嫌悪や軽蔑は、レオナルド自身が絵に込めた自己嫌悪・自己卑下なのかも知れません。

なお、レオナルドの死後、モナ・リザは、サライに譲渡されます。また、モナ・リザの目の中には、レオナルドとサライのイニシャルがあるとかないとか……ルーブル美術館は否定していますが。

第三章　ジェスチャーを見抜く

ボディーランゲージにまつわる大きな誤解

「右上を見たらウソをついている」
「顔に触るのはウソのサイン」
「腕を組むのは否定の証拠だ」
「日本人はボディーランゲージをしない」
「言葉から七パーセント、声の調子や口調から三八パーセント、ボディーランゲージから五五パーセントの割合でメッセージは伝わるので、コミュニケーションにおいてボディーランゲージが最も重要だ」

……といった話を、みなさんどこかしらで目にしたり、耳にしたことがあるかと思います。非言語を用いたコミュニケーションの方法についてセミナーやコンサルティング、メディアでお話ししていると、よく質問されたり、話題にされるトップ5の項目です。

結論から書きますと、全て誤解です。

ウソをついている人は、右上を見ることもありますが、右下も、左上も、左下も、色々なところに視線が向かいます。[*1] 視線を固定させ、ウソをつく人もいれば、目を泳がせて、ウソをつく人もいます。また、ウソをつくとき、顔を触ることもあれば、触らないこともあります。正直な話をしているときも同様に、顔を触ることもあれば、触らないこともあります。

「目の動きや顔を触る動きとウソをつく行為は、関係があるとは言えない」

これが現時点での科学の答えです。

ネガティブに物事を捉え考えているとき、腕を組む方もいるでしょう。一方、物事をポジティブに捉え、明るい未来を想像しているとき、腕を組む方もいるでしょう。確かに、同意しているときに比べ、不同意のときの方が腕を組む傾向にある、こうした結果を見出している研究もあります。しかし、両者の差は僅かで、実際のコミュニケーションに役立つとは考えられません。私たちが腕を組む理由は様々です。

日本人は、アメリカ人と比べれば、ボディーランゲージが少なく、小さいと言えます。しかし、全くないわけではありません。少し注意して観察していれば、微動だにせず、コミュニケーションをしている方などいないことがわかります。日本人だけでなく、中国人や台湾人も同様です。台湾のイベントに呼ばれたとき、台湾の方から「台湾人はボディーランゲージをしないと思いますが、どう思いますか？」と質問されたことがあります。しかし、その方自身、そう言いながら腕を少し前に突き出し、両掌を上に向けていました。この動きがまさにボディーランゲージです。

非言語を用いたコミュニケーションの相対的な重要度を七：三八：五五と数字で示したのは、心理学者のアルバート・メラビアンです。「メラビアンの法則」と名付けられており、有名ですので聞いたことがある方もいらっしゃるかも知れません。この割合自体は適切ですが、前提が必要です。それは「言動が一致していないとき」という前提です。**言動が一致していないとき、言葉からは七パーセント、声の調子や口調からは三八パーセント、（表情を含む）ボディーランゲージからは五五パーセントの影響を受け、メッセージが適切に伝わらない**、ということです。

例えば、人気飲食店の店員さんが「申し訳ございません。現在満席となっております」と笑顔で言ったとしたら、謝罪というネガティブな言葉と笑顔というポジティブな表情がちぐはぐです。すると、謝罪の言葉が七パーセント、笑顔が五五パーセントの影響力を持つため、謝罪の気持ちではなく、幸福な気持ちと受けとられる可能性が高いということになります。

このようなボディーランゲージにまつわる誤解はなぜ起きるのでしょうか。伝える側の問題と、個人的な体験に起因する問題があると思います。

最初に、伝える側の問題についてです。ボディーランゲージの情報源は、主に、ボディーランゲージについて研究している科学者か、ボディーランゲージを経験則的に理解・体得した元フライトアテンダント、成績抜群の元営業員、紛争解決能力の高い元交渉人、部下マネージメントの秀逸な敏腕経営者、ウソを見抜くスキルの高い元警察官等の元特殊な専門職、現マナー・セミナー講師といった方ではないでしょうか。

科学者は、学術論文や専門書を通じて、私たちにボディーランゲージのメカニズムを教えてくれます。しかし、科学者が書く書物は、予備知識や前提となる科学的常識を知らないと内容を正確に理解することが難しく、さらに、専門書はとても高価なため、「ちょっと学んでみよう」という軽い気持ちで手が出せず、同分野・周辺分野の専門家、専門家を目指す方、専攻の大学生以外に読まれることは稀です。その結果、いくら正しいボディーランゲージの知識が書かれていても、一般の方々の目に触れることはなく、広まりません。

ボディーランゲージの大切さに気づき、前職にて活用されてきた現マナー・セミナー講師の方々も、セミナーや書籍を通じて、私たちにボディーランゲージの有用性を教えてくれます。具体性に富み、リアルなコミュニケーション場面がありありと脳裏に浮かぶような体験談を聞かせてくれます。しかし、前職の体験談を補強するために科学知見が使われるとき、知見の理解が不正確であったり、適用できる範囲を逸脱している記述が比較的多く見受けられます。おそらく、学術論文や専門書などの原典を読まず、解説書や一般書の孫引きが重ねられることで、誤解された科学知見が記載されたり、伝言ゲームのように変容された科学知見が広がっているのだと思われます。

次に、個人的な体験に起因する問題です。これはつまり、「自分のことは案外見えていない」ということです。著者はセミナーを開催し始めた頃、自分が話している様子を何度か動画撮影し、自分がどんな姿勢をし、どんな動きをしているかを記録してみたことがあります。初めて開催したセミナーの動画を見返したときの衝撃は今でも鮮明に残っています。

「左右に動き過ぎ……！」

だったのです。それもかなり大きく動いているのです。映像には、恥ずかしいくらい落ち着きがない自分がいました。しかし、プレゼンテーションをしているさなかは、自分に動いている意識は全くありません。セミナー後のアンケートも中々の高評価でしたので、「自分は何でも最初から上手くできちゃうな」などとうぬぼれていましたが、とんだ勘違いでした。

自分の苦い経験から、非言語を駆使したプレゼンテーションスキル向上を目的とする著者の研修では、著者が研修生の方々のプレゼンを評価するだけでなく、研修生の方々の動画を撮影し、自身の目で自身の動きを観察してもらうことにしています。十中八九、自分の主観的な感覚と客観的に観る自分の動きが全然違う、特に「自分は無駄な動きをこんなにしているのですね」、という感想を抱きます。

表情やボディーランゲージを日々のコミュニケーションにおいて有効に活用するには、科学知見を原典や原典をたどれる書籍等から正しく理解すること、そしてコミュニケーション中の自分の動きを客観的に把握することを通じて、知識と体験をバランスよく融合させることが重要なのです。

船場吉兆の会見で観られた「意外」なボディーランゲージ

ボディーランゲージに本音が表れるイメージを持って頂くために、実例を紹介したいと思います。

二〇〇七年一〇月に船場吉兆による食品偽装、原材料偽装、料理の使いまわし事案が発覚しました。一連の騒動に対し、船場吉兆は同年一二月に釈明会見を開催しました。

この会見において、記者からの質問に答えられずにいた取締役の湯木喜久郎氏を助けようと、女将で母である湯木佐知子氏がコソコソとささやく姿が印象に残っている方も多いと思います。あるボディーランゲージが表れたのは、次のやり取りの中でした。

記　者：以前の会見で「経営陣に責任がない」と言ったのはなぜ？
喜久郎氏：……
佐知子氏：（ささやき声で）頭が真っ白になったと。頭が真っ白に。
喜久郎氏：はい、あの～初めてのこういう、記者会見っていう経験でございまして、あの～ま～頭が真っ白になっていたといいましょうか、あの～
佐知子氏：（ささやき声で）責任逃れの。
喜久郎氏：あの～（首をわずかに横に振る）
佐知子氏：責任逃れの発言をしてしまいました。
喜久郎氏：あの～
佐知子氏：責任逃れの発言をして。
喜久郎氏：自分でも何を申し上げているかわからなくなっていた、というのが事実でございます。

母の佐知子氏のささやきをオウム返ししていた喜久郎氏ですが、首をわずかに横に振る動きを見せた後、自分の言葉で記者の質問に答えています。これは、後述するように、否定を意味する**微動作**というボディーランゲージです。喜久郎氏の微動作は、「自身が犯した事を自分の言葉で答えることが誠意である」と思ったゆえに表れたのではないかと思われます。

相手を注意深く観察することで、身体のあらゆるところから本音が表れていることに気づくと思います。身体のどこに、どんな本音が表れるのか、順を追って説明します。

ボディーランゲージの四形態と微動作（マイクロ・ジェスチャー）

ボディーランゲージからは、表情ほど細かな感情や思考を読みとることは出来ません。しかし、ポジティブな状態なのかネガティブな状態なのかは大まかにわかります。さらに、ボディーランゲージは、目に見える形でわかりやすく生じることが多いため、表情が見えない・見えにくい場合に、相手を理解するのに役立ちます。また、相手の感情の向かう先（例えば、この人は私に軽蔑を向けているのか、自己卑下かなど）がどこにあるのかを表情のみからは理解できないときに、表情と合わせて観察することで、推測することが出来ます。

そこで本節では、ボディーランゲージについて説明したいと思います。ポイントは、表情のように意味別に理解するのではなく、動作別に理解することです。

例えば、嫌悪感情を抱いているとき、鼻のまわりにしわが寄せられ、上唇が引き上げられます。このように、嫌悪感情がどんな表情になるかは明確です。しかし、ボディーランゲージの場合、腕を組む、手と手をすり合わせる、全体的な身ぶり・手ぶりが減る、首を横に振るという複数の動きが表れます。

一方、悲しみ感情を抱いているとき、眉の内側が引き上げられ、口角が引き下げられ、下唇が引き上げられます。このように、悲しみ感情がどんな表情になるかは明確です。しかし、ボディーランゲージの場合、嫌悪のときと同じ動きが表れることがあるのです。また、腕を組む姿勢は、怒り感情や熟考をしているときにも生じ得ますし、全体的な身ぶり・手ぶりが減る状態は、恐怖感情を抱いているときにも生じ得ます。

このように意味別にボディーランゲージを理解しようとすると、実際のコミュニケーションで使いこなせません。そこで、ボディーランゲージを動作別に理解することが大切になるのです。

ボディーランゲージの形態・動きを動作別に分類すると四つに分けることが出来ます。それぞれ、**1・ポスチャー**、**2・マニピュレーター**、**3・イラストレーター**、**4・エンブレムと微動作**の四つです。

1・ポスチャー

ポスチャーとは、姿勢のことです。姿勢と感情・気分には様々な関連があることが知られています。ポスチャーを二つに分けると、**オープン・ポスチャー**か**クローズド・ポスチャー**になります。

オープン・ポスチャーとは、体が外に開かれ、自身の身体の表面積が大きく見える姿勢のことを言います。**オープン・ポスチャーがとられるとき、人物はポジティブな感情・気分にいることを表します。**具体的には、腹が突き出されている、胸が張られている、頭が対象人物に傾けられる、腕を曲げ腰に手が置かれる、足を大きく開き広いスタンスがとられる等の動きが一定時間持続します。身体に行動を促す機能としては、やる気を高め、ストレス耐性を高める働きがあります。コミュニケーションの機能としては、自分が優位な立場にいることを伝える働きがあります。

クローズド・ポスチャーとは、体が内に閉じられ、自身の身体の表面積が小さく見える姿勢のことを言います。**クローズド・ポスチャーがとられるとき、人物はネガティブな感情・気分状態にいることを表します。**具体的には、肩が落とされている、うなだれている、頭が対象人物から背けられる、腕が胸の前で組まれる、足が組まれる、手と手が組まれる、足を揃え狭いスタンスがとられる、等の動きが一定時間持続します。身体に行動を促す機能として、潜在的な脅威から回避させる働きがあります。コミュニケーションの機能として、自分が劣位な立場にいることを伝える働きがあります。

その他、ポスチャー一つひとつには様々な意味や組み合わせがありますが、便宜上はオープン・ポスチャーかクローズド・ポスチャーの二つの視点にとどめ、実際のコミュニケーション場面ごとに判断されるとよいでしょう。その理由は次の二つです。

一つに、姿勢には複合的な意味があり得、状況次第、あるいは、他のボディーランゲージと組み合わされることで、感情・気分の意味が変わり得るため、一つひとつの姿勢の意味を状況別に理解することは、コミュニケーションを行う上で非効率になるからです。例えば、頭が対象人物・物から背けられる動きは、ディスカッションの状況なら、不同意を意味する可能性があり、授業中ならば、退屈を意味する可能性があり、食事の席ならば、嫌悪を意味する可能性があります。

二つに、一つひとつの姿勢と感情・気分の関係は万国共通かどうか判然としないものの、オープン・ポスチャーとクローズド・ポスチャーは万国共通の程度が高いと考えられているからです。チンパンジーや犬、猫などの哺乳類が、優位な立場にいる、あるいはその立場を誇示したいとき、オープン・ポスチャーをします。逆に、劣位な立場にいる、あるいはその立場を示したいとき、クローズド・ポスチャーをします。また、目の見える柔道選手と盲目の柔道選手の比較観察調査において、両選手とも試合に勝つとオープン・ポスチャーをし、負けるとクローズド・ポスチャーをすることが確認されています。

ゆえに、一つひとつのポスチャーの意味を理解するより、オープン傾向かクローズド傾向かを大まかに把握することが大切です。

2・マニピュレーター

マニピュレーターとは、自分の身体の一部で自身の身体の他の部分を触れる行為のことです。触れるだけでなく、さする、こする、かく、圧迫する、噛む、すり合わせる等もマニピュレーターに含まれます。**マニピュレーターがなされるとき、人物は不安定な感情であることを表します**。具体的には次のとおりです。

- 手で頭・額・眉・鼻・頬・口・顎・首を触れる・さする・かく・圧迫する
- 手で肩・胸元・腕を触れる・さする・かく・圧迫する
- 手で腿や足を触れる・さする・かく・圧迫する
- 手と手をすり合わせる、足と足をすり合わせる
- 下唇・上唇・頬を噛む
- 唇をすり合わせる

この他にもありますが、よく観られる動きは以上です。さらに、マニピュレーターの延長として、自分の身体の一部で自身の身体の周辺部分を触れることもあります。典型的なものとして、貧乏ゆすりやペンいじり、指で机をタップする動きがあります。

身体に行動を促す機能としては、不安定な感情を落ち着かせる働きがあります。マニピュレーターはネガティブな感情の表れ、あるいは、ネガティブな感情を落ち着かせる行為だと

説明されることが多々ありますが、いずれにせよ、安定していない感情を落ち着かせる行為です。

例えば、自分の子どもが難関大学に合格したことがわかり、早速、祖父母に伝えようとします。しかし、感激のあまり言葉が上手く出て来ません。そんなとき、手で胸元をさすったり、手と手をすり合わせたりするマニピュレーターが観られます。なお、マニピュレーターは意識的・明示的に行われるわけではないため、コミュニケーションの機能はないと考えられています。

マニピュレーターが万国共通の動きか否かについて、大規模な民族横断的研究はありません。しかし、母親に撫でられた乳幼児が心を安定させるといった事例や、人は心が安定していないとき、四足動物の名残が機能し、両手——かつての前足——をどこかに密着させるのではないか、という仮説があります。このことからマニピュレーターは、万国に共通して行われるボディーランゲージなのではないかと考えられています。

3・イラストレーター

イラストレーターとは、思考が視覚化されるときに見られる手ぶり・身ぶりのことです。

イラストレーターがなされるとき、言葉が視覚化されます。イラストレーターは主に手、あるいは眉を使ってなされます。具体的には次のとおりです。

- 強調したい単語やフレーズを言うときに、眉を引き上げたり、引き下げたりする
- 三つの論点があるときに、「論点は三つあります」と言いながら、三本指を立てる
- 注目している対象に指を指す
- 人・モノ・動物などの動きを真似したり、その形を両手で描く
- A地点からB地点までの空間的な位置づけを両手で表す
- 手でリズムをとる

身体に行動を促す機能は、よくわかっていません。ただし、数を数えるとき、自身の指を使って1、2、3とカウントを可視化した方が計算等を間違えない、という研究結果等が報告されています。このことから、イラストレーターには私たちの思考をサポートする機能があるのかも知れません。コミュニケーションの機能として、自身の思考を視覚化し、相手に伝える働きがあります。

いくつかの調査から、イラストレーターは万国共通の動きだと考えられています。しかし、その使用頻度や動きの大きさは文化の影響を受けます。アジア諸国に比べ欧米諸国の人々の方が、イラストレーターの使用頻度は多く、大きい傾向にあることがわかっています。

4・エンブレムと微動作（マイクロ・ジェスチャー）

エンブレムとは、一般的に言われるところの、ジェスチャーやしぐさのことです。エンブレムがなされるとき、単語や短いフレーズが代替・補強されます。世界中に言語が無数にあるように、エンブレムも民族・文化ごと、さらに、それよりも小さい集団ごとに無数にあります。また、エンブレムは、言語同様、学習した結果、得られるスキルです。

ですので、全てのエンブレムを理解するには、外国語を習得するように文化ごとにエンブレム一つひとつを確認していくことになります。しかし、それはほぼ不可能であり、コミュニケーションスキルを向上させる上で非効率です。

そこで本項では、万国共通度の高いエンブレムに焦点を当て、動きの意味、コミュニケーションの機能に併せた解釈と、使用上の注意を説明します。なお、以下のエンブレムは、マスメディアの影響が大きい主に欧米人のエンブレムであり、盲目の方々がこうしたエンブレムをすることは確認されておらず、こうしたエンブレムをしない民族も存在することに注意が必要です。参考に、マツモトら（二〇一三）の調査に基づき、動きと意味の関係が万国あるいは広い地域で認識されている割合をカッコ内に記します。

①首を縦に振る（頷く）「はい」という言葉、あるいは／かつ、肯定を意味する（万国認識率九八・一八パーセント）

②首を横に振る「いいえ」という言葉、あるいは／かつ、否定を意味する（万国認識率九九・一〇パーセント）

➡話し手の発言内容に対して、肯定したり、否定したりするときに見られる聞き手の動作です。話し手が、自分の発言内容に自身で納得するためにこの動作をすることもあります。「はい」を示す動きは、全世界的に共通して見られるエンブレムですが、インドとブルガリアは例外です。インドとブルガリアの方々は、肯定を示すときに首を横に振り、否定を示すときに首を縦に振ります。ただし、ブルガリアの若者や日本に長く滞在しているブルガリアの方が、肯定の意思表示をするときに首を縦に振っている現象を見たことがあります。エンブレムは、時代や環境に応じて変化するようです。

③手を広げる＋手のひらを上に向ける＋親指以外の四本の指を自分の方へ向かって繰り返し動かす「こっちに来て」という意味（アメリカ・ラテンアメリカ・中東認識率九二・二五パーセント〜一〇〇パーセント）

④手を広げる＋手のひらを下に向ける＋親指以外の四本の指を自分の方へ向かって繰り返し動かす「こっちに来て」という意味（東アジア・南アジア・ラテンアメリカ・中東認識率七二・〇五パーセント〜九六・二〇パーセント）

➡欧米人は、③を使う傾向にあり、日本人は④を使う傾向にあります。

⑤対象の方向へ腕を上げる＋人差し指でその方向を指す＋人差し指以外の指を曲げる「あっちに行って」という意味（万国認識率一〇〇パーセント）

➡欧米人は「こっちに来て」の④のような動きを、「あっちに行って」の意味で使うことがあります（正確には、手を広げ、手のひらを下に向け、親指以外の四本の指を払うような動きです）。日本人は、欧米人のそのエンブレムを見て、「こっちに来て」という意味にとり違えることがあります。ただし、表情と合わせて観察すれば、勘違いが起こる可能性は低くなるでしょう。「こっちに来て」の④で「あっちに行って」という意思表示をするとき、ネガティブな表情や顔、目を背ける動きが伴います。

⑥両手もしくは片手の手のひらを下に向ける＋下に押す　「止まれ」という意味（万国認識率一〇〇パーセント）

⑦手のひらを対象物に対して向ける＋腕を伸ばす　「止まれ」という意味（万国認識率一〇〇パーセント）

➡物理的に何かが「止まって欲しい」ときだけでなく、何らかの行為を「やめて欲しい」とき、例えば、自己の意見を述べている人が、相手にまだ発言権を与えたくないときなどにも見られます。「まだ私が発言中です。あなたは話さないで下さい」という意味です。

以上の七種のエンブレムは、世界中の人々に概ね共通の意味と動きを伴ってなされます。エンブレムはコミュニケーションの機能を持つため、意識的にわかりやすく行われることが普通です。しかし興味深いことに、**エンブレムが抑制され、無意識的かつ断片的に生じる**

こともあります。これは、微動作（マイクロ・ジェスチャー）という現象です。無意識とは、エンブレムを生じさせている本人にその意識がない、という意味です。断片的とは、あるエンブレムの意味を構成する全ての動きではなく、部分的かつ微かな動きが生じる、という意味です。

前述の万国共通度の高いエンブレムをはじめ、文化特有の様々なエンブレムが、微動作として私たちの身体に表れます。微動作が初めて観察されたのは、微表情研究でも有名なポール・エクマン博士が学生時代に行った実験中でのことでした（正確な時期は不明。Ekman, 1985にて二五年以上前の実験と書かれていることから一九六〇年より前だと考えられます）。

この実験は、心理学部の学生と教授とのやり取りの中で行われました。学生は教授に進路の相談をします。教授は実験協力者として、学生が何を言ってもネガティブな回答をする、という役を演じました。「将来、研究者になりたい」と言う学生に対しては、「精神疾患で苦しむ人がいるのに、実験室に身を潜めて責任逃れをするのか」と応える。「心理治療をしたい」と言う学生に対しては、「金儲けをしたいだけなのか。精神疾患の治療法を発見するための研究をせずに済ませるのか」と応える。そんな会話が続きます。

面談の様子を観察しているとき、エクマンは、学生が教授にさりげなく中指を立てている様子に気づきました（中指を立てる行為は、侮辱を意味する文化的なジェスチャーです）。面接後、エクマンが、学生に中指を立てるジェスチャーをしたかを確認すると、腹を立てていたことは確かなものの、怒りをあらわにしたことはないと学生は言います。しかし、記録用に撮影していたビデオを確認すると、確かに中指を立てるジェスチャーをその学生はしているのです。学生は、自分が腹を立てている自覚はありましたが、その感情が漏洩していることには気づいていなかったのです。

ただ、この発見以降も、微動作は「観察される」という報告止まりで、再現実験がなされて来ませんでした。ようやく近年（二〇一八年）に行われたウソに関する研究において、ウソと微動作を含むジェスチャーの関係が改めて検証されました。

その結果、ウソを隠している者は、首を縦に振るジェスチャーが少なく、首を横に振るジェスチャーとシュラッグが多いことが観察されています。シュラッグとは、片側あるいは両側の肩が上下に動く動き、あるいは、下唇が引き上げられ、唇の両端が引き下げられ、上唇が引き上げられる・あるいは引き上げられない動きのことです。シュラッグは、アメリカ人によく見られるジェスチャーで、「知りません」「確かではありません」「どうすることも出来ません」を意味します。[*2]

話を合わせているだけ？　それとも本当に同じ意見？

・新入社員に仕事のイロハを教授中、「はい、勉強になります」「よく理解しました」と口にしていたものの、後日、教えたことを何度も質問してくる。
・会議にて新しい企画を提案したところ、「大変興味深い企画ですね」と乗り気なチームのメンバー。しかし、企画がスタートしたら全然やる気が見えず、テキパキと身体を動かさない。
・営業先で、「この商品いいですね」と気に入っている様子のお客様。しかし、結局、購入を見送る。
・協業企業を模索中、「このサービス、上手く戦略を立てることが出来れば、絶対売れますよ」と太鼓判を押すコンサルタント。「後日、必ず連絡します」と言い残し、音沙汰なしの数ヶ月。

仕事をしていると、相手は正しく理解している、相手も同意見だ、と思っていても、後からそうでなかったとわかることがしばしあります。「その通りだと思います」「あなたと同意見です」「その方向で行きましょう」「いいですね」「凄いですね」等々の言葉が相手の口から出てくると、その言葉を真に受けてしまいます。

しかし、相手のポジティブな言葉を真に受けるのはごくごく普通のことです。私たちには「真実バイアス」というものが備わっており、「相手の言っていることは真実である」という想定のもとにコミュニケーションをしています（一方、警察官など日常的にウソと接する機会の多い方は「ウソバイアス」が備わり、相手の言っていることを疑う傾向にあることが知られています）。

しかし、ここぞというときは、相手の言動に気を遣い、「本当にそう思っているのかな」と注意することで、正しく情報を把握することが出来たり、想定外の事態やぬか喜びを避けたりすることが出来るでしょう。場合によっては、乗り気でなかった相手の気持ちを変えることも出来ます。

相手がこちらに話を合わせているだけか、本当に同じ意見かを見極めるには、相手の発する言語・非言語情報の全てに注意するに越したことはありません。しかし、観察力には限度があります。そこで、①微表情、②微動作、そして③マニピュレーターの観察に焦点を当ててみましょう。相手の言葉がストレートな意味を持っていないことが効率的に把握できるでしょう。

①微表情の観察

微表情は抑制された感情の漏洩です。したがって、言葉に微表情が伴うとき、その言葉に何らかのわだかまりを残していることになります。言葉と感情が調和せず、ストレートに口をついて出てきていない状態なのです。

例えば、「素晴らしい意見ですね。私も同意します」と言いながら、嫌悪の微表情が伴っている。このとき何かを不快に感じながらも、それを抑制しているわけです。さらに、素晴らしいというポジティブな言葉と嫌悪というネガティブな感情が矛盾しています。

この情報のみに基づき相手の発言の真偽を断定することはできませんが（ランチで食べた脂っこいもので胃がもたれ、たまたまこのタイミングで気持ち悪くなっただけかも知れません）、こちらに話を合わせているだけの可能性があると考え、注意するとよいでしょう。

②微動作の観察

微動作も、微表情同様、抑制された感情の漏洩です。微動作の中でも、首を横に振る動きに注目です。こちらの話を聞きながら、相手が首をわずかに横に振ったとします。その後、「素晴らしい意見ですね。私も同意します」と言います。これは要注意です。何らかの疑義を抱えている、あるいは／かつ、こちらに話を合わせているだけの可能性があります。また、日本人の場合、疑義があったり、理解していないとき、僅かに首を傾げる動きも観られます。

③マニピュレーターの観察

マニピュレーターは不安定な感情を安定化させようとする動作です。しかし、聞き手が「素晴らしい意見ですね。私も同意します」と言いながら、例えば、顎をさする、手をすり合わせる等のマニピュレーターをしていても、本当に良い意見だと思い、この興奮を抑えようとマニピュレーターをしているのか、本当は良くない意見だと思い、不安等を緩和しようとマニピュレーターをしているのか、わかりません。言葉尻に表れる感情や表情の観察など、補強的な情報が必要となります。

それなら最初から相手の表情だけを観察すればいいのでは？　と考える方もいるかも知れ

ません。しかし、表情観察に慣れていたとしても、ボディーランゲージの観察はした方が良いと考えます。なぜなら、表情に比べ、マニピュレーターの方が目立つからです。マニピュレーターの存在を確認したら、そのときの表情にも注意するというふうに切り替えると良いでしょう。

ここで、著者の実体験をお話ししたいと思います。会社設立間もない頃のことです。「微表情とは何で、どう役立つのか」ということをある会社員の方に営業する機会がありました。著者が話していると、その方が顎をさするマニピュレーターをしていることに気づきました。目線を少し上に移し、表情を観ると、片方の口角が引き上げられ軽蔑表情をしています。

軽蔑表情と同時にマニピュレーターが生じているということから、軽蔑感情や優越感、得意な感情が大きくなり、それを抑えようとしているのだな、と著者は思いました。しかし、その方の口からは、「いいですね」「成功しますよ」とポジティブな言葉のみが発せられ、自身が「勝っている」感の発言は皆無です。

そこで、著者は敢えて「頭ではわかっているのですが、ビジネス経験が少なく、自信がないんですよね」「微表情ビジネスを広げる名案はありませんか」等々と下手に出てその方の優越感を刺激するような質問をしてみました。

そうしたところ、「後日、席を用意させて下さい」とのことで、中小企業診断士の方を紹介して下さりました。実は、この会社員の方も中小企業診断士の資格を持っており、最終的に六名もの診断士の方に無料でビジネス相談を聞いて頂く機会を持つことが出来たのです。さらに、弊社サービスを購入して頂くことも出来ました。

この結果から考えると、先の軽蔑は「この若い経営者（著者のこと）の営業手腕はまだまだだな。けど、微表情の話自体は面白い。ビジネス経験豊富な仲間たちと知恵を絞れば、化けるかも。中小企業診断士としてもよいケーススタディーになるだろう。しかし、この経営者は聞く耳を持たない人かもしれない」という心理があったのだと推測されます。

この会社員の方の非言語に気づくことができなければ、この方はここまで乗り気になり、多くの診断士仲間を交え、ビジネス相談に応じてくれることはなかったと思います。

いつも誤解されるあなたへ――ウソをついていると勘違いされるしぐさ

一旦、「この人物はウソをついているに違いない」と思うと、私たちは視野が狭くなり、その人の何でもない言動をウソのサインだと決めつけてしまう傾向にあります。
この疑われてしまう動き、つまり、ウソをついていると思われてしまう動きとは何でしょうか。ここで一つ問題に答えて頂きたいと思います。

問題：次のボディーランゲージの中で科学的に実証されているウソのサインはどれでしょうか？

①瞬きが増える
②視線をそらす
③顔や鼻を触る動き（マニピュレーター）が増える
④身ぶり・手ぶり（イラストレーター）が減る

それでは正解の発表です。①〜④の中で科学的に実証されているウソのサインは、④のみです。①②③はウソのサインではありません。**正直な話をしている者に比べ、ウソをついている者は、身ぶり・手ぶり（イラストレーター）が減る傾向にある**、ということを多くの研究が示しています。一方、①②③の動きは、正直な話をしている者もウソをついている者も同程度に行う、ということを多くの研究が示しています。

「ウソをつく人間に特有の行動と思われるもの」を調査した様々な研究によると、①②③は、ウソのサインであると一般に広く勘違いされている動きであることが知られています。興味深いことに、一般の方々も、日々ウソを見抜く職務に携わっている警察官も共通して、視線をそらす動きと、顔や鼻を触る動きを含むマニピュレーター全般をウソをついている者の行動だと思う、と回答しています。

そこで、①〜④の動きの意味について解説すると共に、相手に誤解を与えない方法も合わせて紹介したいと思います。

①瞬きが増える

瞬きは緊張すると増えます。ウソをついていても緊張しますが、**ウソをついていなくても緊張すれば瞬きは増えますので、瞬きの増加というサインでウソを見抜くことは出来ません。**しかし、緊張＝ウソという図式が浸透しているため、こうした誤解が流布してしまっています。相手に誤解されないためには、自分が緊張していることを相手に伝えたり、瞬きの量を自らの意思でコントロールするとよいでしょう。

なお、ドライアイの方は常に瞬きが多くなり、また、何らかの理由――まぶしい照明があたる、強い風があたるなど――で目が乾けば瞬きは増えますので、緊張以外の物理的な可能性もあり得ることに留意して下さい。

②視線をそらす

視線は、意識が向かう先です。興味・関心の対象とも言えます。**集中して物事を考えるとき、視線はそらされます。**集中して物事を考えるには、意識を眼前ではなく、自分の中に向ける必要があるからです。目の前の視覚情報を遮断し、視覚情報が少ない、上もしくは下に視線をそらすのです。

例えば、昨日食べた夕飯のメニューを思い出して下さい。――今、一瞬、視線が本書の文字から外れたのではないでしょうか。これは、思い出すために目の前の文字情報を視界から遮断したくなったからなのです。

確かにウソをつくときも集中しますが、**ウソをついていなくても集中することはあるため、視線をそらす動きがウソのサインにはなりません。**しかし、この視線をそらすという動きも、ウソのサインという誤解が広がっています。自分が集中したいときは、「少し考えさせて下さい」「考えをまとめる時間を下さい」と断ってから視線をそらすようにすれば、誤解されることもないでしょう。

③顔や鼻を触る動き（マニピュレーター）が増える

感情がブレ、不安定なとき、顔や鼻を触る動きをはじめ、様々なマニピュレーターが生じます。**誰しも疑われると、実際ウソをついていようといまいと、緊張します。その緊張を和らげるために、マニピュレーターが生じる**のです。様々な理由で感情はブレますので、**マニピュレーターが表れているからといって、それがウソのサインとは言えません。**

マニピュレーターは、ほとんど無意識に、あるいはクセとなっている場合もあります。自分の無意識の動作に意識的になり、過度に顔や鼻を触らないよう心がけ、相手に誤解を生じさせる動きを減らせるようになるとよいでしょう。

④身ぶり・手ぶり（イラストレーター）が減る

正直な話を話しているときと比べ、**ウソをついているときは、身ぶり・手ぶりが減る傾向にあります。**これは図式化する情報が不足しているからです。目撃していないものをあたかも目撃したかのように語るのは、難しいことです。大きさの程度はどうだったか、自分との位置関係や他の物体との位置関係はどうだったか、移動が伴うものなら、どのように移動したのか、想像だけで語るのは難しく、身ぶり・手ぶりが減ります。
ただし、目撃していないものでも想像力が豊かな方なら、身ぶり・手ぶりを交えて、リアルにウソをつくことが出来るので要注意です。

これら四つの動きが与える印象を理解し、相手に誤解されないコミュニケーションを意識してみて下さい。

最後に、注意点を一つ。ウソのサインとは、正直な話をしている者に比べて、ウソをついている者が行う・行わない傾向のある動きのことを言います。どの程度行う・行わない傾向にあるのかは、統計的に有意な差がある程度に、ということになります。
ウソがつかれる条件によって、その差が顕著に生じることもあれば、微妙な差でしか生じない場合もあります。要するに、ウソのサインとは、正直な話をしている者とウソをついている者を比べることで生じる相対的な現象であり、あくまでも傾向であるという理解が必要です。

科学的に実証されているウソのサインと言えども、ウソをついている者にしか当てはまらない、というわけではなく、また、**ウソをついているからと言って必ずウソのサインが生じるわけでもない**ことに留意して下さい。

ウソのサインを見つけたら、その人物が正直な話をしている可能性よりもウソをついている可能性が高いとは言えるものの、**ウソ以外の理由でそのサインが生じてしまっている可能性も排除はしない**、という解釈となります。やはり、先ほど挙げた三つの観察ポイントや会話パターン（詳細は第四章）から総合的に判断していきましょう。

＊1　「人がウソをつくとき右上を見る」という考えの源流は、ＮＬＰ（神経言語プログラミング）という理論にあります。ＮＬＰの理論では、右利きの人が、右上を見上げることは想像している状態を意味し、左上を見上げることは過去の記憶を思い出している状態を意味すると説明しています。多くのＮＬＰ実践者は、この考え方からウソを見抜くことが出来ると提唱しています。右上を見る＝想像している＝ウソをついている、左上を見る＝記憶を辿っている＝正直に話している、という関係性です。そこで、この考え方でウソが見抜けるか否かが、一九八〇年代から様々な科学実験によって検証されてきました。ウソをつく人と正直に話す人のそれぞれの目の動きの差異

を検証したり、NLP理論を学んだ実験参加者とNLP理論を学んでいない実験参加者に目の動きからウソを見抜くテストを受けてもらい正答率を比べたり、実際の犯罪者の目の動きを計測したりと、様々な手法で実験がなされました。しかし、右上を見る＝ウソをついている、左上を見る＝正直に話しているという関係は、目下、どの研究からも見出されていません。

＊2　シュラッグについて、ディビッド・マッモト博士は、著者との半プライベートな場において、「比較文化的な研究はそれほどないものの」という前提を置きつつ、シュラッグも万国共通のジェスチャーのように思える、とおっしゃっていました。是非、周りにいる日本人の方が「どうなんでしょうかね」という発言をしているとき、シュラッグが起きるか観察してみて下さい。肩が微妙にすくむのを目にすることが出来るかも知れません。

コラム3 ウソのサインでない動きもウソのサインになることがある!?

本章で、顔や鼻を触る動き（マニピュレーター）が増える動きはウソのサインではない、と説明しました。しかし、著者の知り合いの元刑事（警察官歴二七年）さんは、顔を触るのはウソのサインだと仰っています。科学知見と刑事の経験則、どちらが真実でしょうか。

実は、条件によってどちらも真実になりうるのです。マニピュレーターはウソのサインではないということは、メタ分析という手法によって結論付けられています。メタ分析とは、明らかにしたい現象を検討した複数の研究結果を統合し、全体的な傾向を見るための手法のことを言います。個々の研究を見ると、ある研究は「ウソつきはマニピュレーターをする」という結論を下し、また、ある研究は「ウソつきはマニピュレーターをしない」という結論を下しています。実験をどのような条件で行うかによって、結果が変わってしまうのです。

例えば、ある実験では、ウソをつく役を演じている実験参加者が、「ウソを上手く突き通すことが出来れば、実験参加費に加え、報酬として一万円得られる」という条件で、他の実験では、「ウソを上手く突き通すことが出来れば、宝くじを一枚得られる」という条件だとします。これでは、実験参加者の「ウソをつく」モチベーションにも差が生じるでしょう。こうしたモチベーションの違いが参加者の行動に影響を与え、表面的には同じ研究でも、結果が異なってしまうのです。

条件に様々な違いがあるものの、類似の研究を何十と集め、その条件の違いを超えて、全体的な傾向がどうなるかを観たものがメタ分析です。そうしたメタ分析によって、ウソとマニピュレーターには関係がない、と結論づけられているのです。

では、刑事さんの経験則について考えてみます。取調室にいる容疑者なり目撃者のモチベーションは、実験室にいる実験参加者のモチベーションとは異なることが予想されます。このモチベーションの差が、ウソとマニピュレーターを結びつけているのかも知れません。あるいは、マニピュレーターの相対的な差を観て、刑事さんはウソの可能性を探っていたのかも知れません。マニピュレーターの相対的な差について具体的にみてみましょう。

例えば、ある住宅から現金を窃盗した容疑者を取り調べているとします。現金は、封筒に入っており、家主の机の引き出しの中に入っていました。このことを知っているのは、家主と刑事と犯人だけとします。

沈黙する容疑者に、刑事が「現金は、どこから盗んだの?」「机の中?」「タンスの中?」「金庫の中?」と質問します。この容疑者は全ての問いに、顔や鼻を触る等のマニピュレーターを生じさせています。しかし、他の場所に比べ、「机の中?」と聞かれたときに顔や鼻を触る等のマニピュレーターの頻度を多く生じさせるとします。犯人しか知らない情報に対し、マニピュレーターの頻度が変わったのはなぜだろうか、となり、追及した結果、ウソが明らかとなる、こうした可能性があり得ます。

これが、ウソのサインではないものがウソのサインになるという現象です。このようなことが言えてしまうと、科学と経験のどちらを信用したらよいのか悩んでしまうかも知れません。

マニピュレーターがウソのサインになり得るかどうかは、マニピュレーターをする者のモチベーションや、質問のされ方などの条件に左右されます。しかし、マニピュレーターを何らかの感情がブレ、安定化させようとしている心の表れ、と広く捉えれば、ウソのサインかどうか気にせず、コミュニケーションに役立てることが出来ます。

マニピュレーターをしている人を見たら、「この人は何らかの理由で感情がブレているんだな。何だろう」と考える。そうすることで、質問のきっかけにしたり、会話の流れを変えたりすることが出来るでしょう。

第四章　会話から漏れる心理

声に込められる感情と心理

これまで、顔の表情や身体の動きに表れる感情や心理についてご説明してきました。ここでは、「会話」に表れる感情や心理についてご説明します。まずは、次の事例をみて下さい。

二〇〇八年、アメリカ副大統領候補などを経験した民主党の有力政治家ジョン・エドワーズ氏に不倫疑惑が浮上しました。エドワーズ氏が疑惑についてインタビューに答えています。

質問者：質問させて頂いてよろしいでしょうか。Hさんと不倫関係にありましたか？

エドワーズ氏：最初に、インタビューしに来てくれたことに感謝させて下さい。弁明する機会を与えてくれて感謝します。二〇〇六年、二年前、私は深刻な間違いを犯しました。間違いは、誰でもない私に責任があります。その年のうちに、妻に自らの間違いについて告白し、謝罪しました。これは家族の中だけの問題だったのです。家族全員が知っていることです。

（中略）

質問者：不倫相手には赤ちゃんがいて、それがあなたの子どもだという報道がありますが。この報道は真実ですか？

エドワーズ氏：真実ではありません。真実ではありません。それはタブロイド紙で報道されましたが、それは、そ、それは、完全にウソです。

質問者：奥様は、不倫相手の赤ちゃんがあなたの子どもであると思っていませんか？

エドワーズ氏：ありません。もちろんありません。

質問者：なぜですか？

エドワーズ氏：ありません。彼女が知っています。

この会話からエドワーズ氏のどのような感情や心理を推測できるでしょうか。インタビュー冒頭で、エドワーズ氏は不倫について認めています。しかし、質問に返答する前に一呼吸、置いています。また、不倫という言葉を使わず、間接的な言い回しで不倫を認めています。間接的な言い回しは、不快な事柄――ウソをつく行為、自分に非がある出来事や嫌な思い出など――と距離を置きたい、そんな心理の表れです。

続いて赤ちゃんの父親について。「真実ではありません」「それは、それは、完全にウソです」という返答で同じ単語を繰り返し、発話の出だしに失敗しています。これらは**スピーチエラー**と呼ばれ、認知的負担が高まる（頭がいっぱいいっぱいになる）ときに生じます。認知的負担の高まりは、ウソをつくときに生じやすい状態です。また、妻がどう思っているかという質問に対し、エドワーズ氏は詳細に答えていません。これは、実体験がないときに生じやすい返答の仕方です。

このインタビューの数年後、エドワーズ氏は不倫相手の子どもの父親が自分であることを認めました。

この事例のように、様々な感情や心理が、話し方のクセや、言葉そのものに表れるのです。実は、会話の中にも、非言語情報と言語情報があります。**会話における非言語情報とは、話者の「声のトーン」と話し方のクセ**、そして**言語情報とは、話者が発する言葉そのもののこと**です。非言語情報から解説していきましょう。

まず、**声のトーンには、高低、音量、声色、響きの四つがあります**。とりわけ、**声の高低と音量に、私たちの感情が特徴的に表れる**ことがわかっています。甲高い声や元気のない低い声、大きな声やささやき声から感じられるイメージは異なると思います。

話し方のクセには、話す速さ、長さ、返答速度、ポーズ、スピーチエラーの五つがあります。話す速さ、長さ、そして返答速度は文字通りの意味です。ポーズとは、**言葉と言葉の間《ま》のことです。**ポーズはさらに二分類されます。**音声ポーズと無声ポーズです。音声ポーズとは言葉と言葉の間を埋める「う〜ん」「あ〜」「え〜と」などの、明確な意味をなさない音声を伴うポーズ**のことです。**無声ポーズとは、言葉と言葉の間に無言な状態が続く、いわゆる間**のことです。**スピーチエラーとは、同じ単語の繰り返しや出だしの失敗の他、口ごもり、文法上のミス、言い間違いなど、言葉を発する際に起こる様々な障害**のことです。

こうした声のトーンと話し方のクセに、私たちの感情が表れるのです。また、このような**会話に表れる各感情も、表情同様に万国共通**であることがわかっています。

私たちは会話を通じて相手を理解しようとしますが、相手がストレートに本音を話してくれないこともあります。どうしたら相手の本音を察することが出来るでしょうか。これまでの研究から、真実の体験に基づく発言内容と、ウソの発言内容とには、特徴的な違いがあることがわかっています。その違いに焦点を当てることで、真偽判定の精度を上げることが出来るのです。

そこで、本章の前半では声の非言語情報について、後半では声の言語情報について、相手の本音を察するためのポイントを説明します。

感情はどのように声に表れるのか？

これまでの研究から、声のトーンや話し方のクセの組み合わせと、感情には、次のような関連があることがわかっています。

- 幸福や怒り感情のときは、声は高くなり、大きくなる。話す速さは速くなる
- 軽蔑感情のときは、声は低くなり、小さくなる
- 嫌悪や悲しみ感情のときは、声は低く、小さくなる。そして、話す速さは遅くなる
- 驚き感情のときは、声は高くなり、話す速さは速くなる
- 恐怖感情のときは、声は高くなり、大きくなるか小さくなる。そして話す速さは速くなる
- 認知的負担（頭がいっぱいいっぱいな状態）が高いときは、返答速度は遅くなり、ポーズ

及び様々なスピーチエラーが増える
・うつ状態や退屈なときは、声は低くなる
・ストレスを感じているときは、声が大きく、速くなる

これらの感情以外にも、羞恥、恥、罪悪感、愉しみ、満足、安堵、興味、畏れ、共感、感謝、愛、望み、誇りなどが、声から判別できることがわかっています。しかし、特別な機器を使わない限り、表情と同等レベルに判断することは難しいとされています。

言葉にならない「パラ言語」

私たちは、返答に窮したり、思うような言葉が見つからないとき、言葉に詰まることがあります。そんなとき、「え～」「ん～」「う～ん」「あの～」「その～」というような言葉を発し、言葉と言葉との間をつなごうとします。明確に言語化できないメッセージです。こうした言葉を、専門的には**パラ言語**と言います。

これらのパラ言語は、返答速度とポーズに関連しています。相手の本音を理解するために

は、会話中、どんなタイミングでパラ言語が生じるのかに注意することが大切です。特に、質問に答えるまでに生じるパラ言語と、言葉と言葉の間に生じるパラ言語が重要。

パラ言語が生じるのは、認知的負担が高いとき、つまり、頭がいっぱいいっぱいなときです。頭がいっぱいいっぱいになる原因としては、質問への回答が難しい、質問の意味や意図を考えている、適切な言葉を探している、そんな可能性が考えられます。パラ言語は、会話の中に頻繁に登場するため、全てのパラ言語を気に留める必要はありません。相手が回答に窮しているようでしたら、「つまり〇〇という意味です」のように質問をわかりやすく言い換えたり、「□□と言いたいのですか？」と、相手が探しているだろう言葉を代弁することで、コミュニケーションを円滑にすることができます。

注意したいのは、回答が容易なはずの質問や、話すことが容易なはずの話題であるにもかかわらず、話者の口からパラ言語が出てくるとき。このような条件下で生じるパラ言語は、ウソのサインになり得ます。ウソをつくのに、適当な答えを見つけるまでの時間稼ぎになるからです。とはいえ、単なる度忘れや会話に集中していない場合にも、パラ言語が生じることがあります。ですので、簡単な質問にパラ言語が表れ始めたら、別の質問を重ねることで、パラ言語の意味を確認することが大切になってきます。

「私は娘を愛していた」――誘拐犯の母親がついた嘘

返答速度、ポーズに次いで注目したいのが、スピーチエラーです。なかでも、**口ごもり、文法上のミス、言い間違い、返答ミスに本音が表れます。**

例えば、口ごもり。「その出来事について何か知っていますか」という質問に、ハッキリではなく、小さな声やモゴモゴしながら「知りません」と返答がなされた場合、その人は罪悪感を抱いている可能性があります。真実を知っているにも関わらず、「知らない」とウソを言わなければならないため、その罪悪感から口ごもってしまうのです。

続いて、文法上のミス。例えば、時制の使い方などに本音は表れてきます。

某「誘拐」事件の例をご紹介しましょう。「私の娘が誘拐されました。誘拐された娘について何か知っている人は、何でも情報を下さい」と涙の訴えをしていた母親がいました。この母親はテレビカメラを前に、「私は娘を愛していました」と答えていたのです。まだ生きているかも知れない娘に対し、「愛していました」は変です。これではまるで、もうこの娘さんがこの世にいないかのようです。後に、この母親が自分の娘を殺害していたことが判明しています。時制のミスに意識を向けると、本音が垣間見えることがあります。

「私はウソ、いや、動揺していません」

ある実験において、著者が実験参加者に「あなたは動揺していますね」と何の感情も込めず、平坦なトーンで言ったとき、その人は「私はウソ、いや、動揺していません」と答えました。後に、その人はウソをついていたことが判明しました。

人は、何の価値判断もされていない中立的な言葉を耳にすると、自分が気にしていることに関連付けて解釈します。ウソをついていたこの人物は、著者が動揺という言葉を中立的に使っているにも関わらず、動揺＝ウソと解釈し、つい言葉に出してしまったのだと考えられます。

こうした言葉の解釈の取り違えのみならず、**単純な言葉の言い間違えや返答ミスにも本音が表れる**場合があります。二〇一四年、松島みどり法務大臣（当時）が、自らの選挙区で寄付に値するものを配布したとの疑惑が浮上しました。これは公職選挙法違反に該当するとして、野党から追及されました。次のようなやり取りが国会でなされました。

野党議員：これは何ですか。
松島大臣：活動報告や政策等を印刷して配る。そのような配布物だと。
野党議員：これはうちわですね。
松島大臣：うちわと解釈されるならば、うちわとしての使い方もできると思います。
野党議員：これは違法じゃないですか。
松島大臣：このうちわは、うちわのように見えるかもしれませんが……。

一部の選挙管理委員会によると、うちわも公職選挙法で禁止されている有権者への寄付となるそうです。問題の「配布物」ですが、どう見ても、うちわに見えるのです。野党議員に追及され、最初は「うちわとしての使い方もできる」などと言っていましたが、大臣も結局のところ「うちわ」だと自認していたため、「うちわ」と口にしたのだと思います。自認が辞任へとつながりました。

また二〇一八年、宮城県大衡村《おおひらむら》の村長（当時）が女性の村職員に対して、セクハラ・パワハラをしたとして訴えられ、裁判の結果、女性職員への損害賠償が一部認められた事件がありました。疑惑発覚当初の記者会見でのやり取りです。

記者：性行為を強要したということはありますか。
村長：それについてはお答え出来ません。
村長の弁護士：答えて。

弁護士が村長に何かを言い、村長は「あ、そう。あ、はい、はい、はい」と弁護士に答えます。その後、

村長：はい、ありません。
記者：ないですか。
村長：ありません。
記者：ない。
村長：はい。
記者：強要したことはない。

村長：はい。

本来なら即座に否定するべきところですが、「それについてはお答え出来ません」という村長の返答から、質問に対して自身の言葉で答えようとするのではなく、弁護士に任せきりにしようとしていた本音が推測されます。なお、「村長から性行為を強要された」という女性の主張については、「合意のもとだったと推認される」と判決において退けられたことを、ここに追記しておきます。

何らかの理由で、頭が混乱し、純粋に言い間違えや返答ミスをしている場合もあるため、揚げ足をとるように反応する必要はありません。言い間違えや返答ミスの一言で判断するのではなく、文脈を考えながら、「あ、今、言い間違えが起きたな。ちょっと注意して話を聞いてみよう」くらいのスタンスがよいと思います。

裁判でも証拠採用される言語分析法

続いて、声の言語情報についてです。

「この人の言葉は信用できない」――このように思うとき、何を基準に判断していますか？論理的ではない、整合性がない、曖昧だ、主観的過ぎる……等々あると思います。重要な局面であればあるほど、その言葉の真偽を判断したいと思われるでしょう。

言語的な特徴から真偽を明らかにする主な手法に、**CBCA**（a critical-based content analysis）と**リアリティ・モニタリング**（Reality Monitoring）というものがあります。

CBCAとは、書き起こされた供述内容を、特別な訓練を受けた人間が項目に沿って真偽判定を行う分析法です。評価者は一九の項目を評価し、その合計点数が高いほど、供述の信憑性が高いと判断するのです。評価項目には、論理整合性、詳細情報の量、順序立っていない話、会話の再現、登場人物の心理的状態の推測、自発的訂正、記憶のなさを認める（記憶がない、あるいは曖昧な点について、自認するということ）、といったものがあります。

リアリティ・モニタリングとは、実際に経験した出来事（＝真実）の記憶と、想像して作られた出来事（＝ウソ）の記憶とには、質的な違いがあるという、私たちの記憶の特性を利用した分析法のことです。専ら、研究者に活用されている方法であり、具体的な計測方法は研究者によって異なります。**実際に経験した出来事の記憶は、聴覚、嗅覚、味覚、触覚、視覚などの知覚と、位置関係や時系列などの情報を含み、詳細で鮮明な傾向にあります**。一方、想像上の出来事の記憶は、自分自身との対話を通じて獲得されます。ゆえに、この種の記憶は発言に理由付けを含み、不明瞭で具体的ではない傾向にあります。

様々な実証研究から、ＣＢＣＡ及びリアリティ・モニタリングは、七〇パーセント程度の精度でウソと真実を区別できることがわかっています。また、ＣＢＣＡは、現在、アメリカ、西ヨーロッパ諸国、ドイツ、オランダでは、裁判の証拠としても採用されています。

信用できる発言内容の特徴

ＣＢＣＡ及びリアリティ・モニタリングは、元々、性犯罪の被害にあったとされる子どもの供述が、信用できるか否かを判定するために開発されたものでした。しかしその後、犯罪容疑者、事件・事故の目撃者、子どもの性被害以外の犯罪被害者の供述の真偽判定など、様々な用途でも利用できることが実証されたのです。評価項目は、調査対象に応じて臨機応変に組み換えられています。本節では、私たちの日常・ビジネスコミュニケーションでも利用できる評価項目を紹介します。次の八つの項目にチェックが入るほど、実際の体験に基づく可能性が高い発言と判断出来ます。

①発言内容に整合性がある……実際の体験談は、論理的に一貫しており、矛盾しません。発言そのものに一貫性があり、また第三者の発言や他の物的証拠とも矛盾がありません。

②空間情報がある……実際の体験談には、人や物の位置関係や距離、大きさ、形はどうだったかという空間に関する情報が含まれます。

③時間情報がある……実際の体験談には、出来事がいつどんな順番で起きたかという時間に関する情報が含まれます。

④人に関する情報がある……実際の体験に第三者が存在している場合、どんな人がいたかという情報が含まれます。特に、第三者との会話が再現されていたり、第三者の心の状態を推測している場合、真実性が高いと考えられます。

⑤五感情報がある……実際の体験談には、見たり、聞いたり、嗅いだり、触れたり、味わったりした五感に関する情報が含まれます。

⑥その他の詳細情報が豊富である……実際の体験談は、②③④⑤だけでなく、その他あらゆる詳細な情報が含まれます。そういった詳細情報も対象にします。

⑦順序立っていない発言がある……感情が刺激された出来事は記憶に残りやすく、そこに

フォーカスが当てられるため、実際の体験談は、綺麗な時系列を伴っては語られません。また、発言の最中に記憶が思い出され、順番を前後して語られることもあります。ただし、体験を何度も語る機会があったり、リハーサルをしていると、時系列を整理して、語れるようになります。

⑧発言内容の訂正がなされる……人間の記憶は曖昧なため、体験談を話している間に記憶違いや矛盾に気づくことが多々あります。ゆえに実際の体験談には、時系列や詳細情報の訂正や、記憶違いの訂正が入ります。ただし、体験を何度も語る機会があったり、リハーサルをしていると、訂正なしに理路整然と語れるようになります。また、ウソをついている場合、発言内容を自身に都合よく変更することがあります。実際の体験者は「あるがまま」に語り、ウソつきは「都合よく」語るというわけです。

具体的な事例から考えてみましょう。XとYは、「お茶菓子を買って来たときの出来事」について話しています。一方は、真実の体験に基づいた話をしています。もう一方は、ウソの体験を話しています。①〜⑧の評価項目を参考に、X、Yのどちらがウソをついているか推測してみましょう。

Xの発言

おしゃれな外観のヒルズって感じのところに、あ~ここに入るのか~って思いながら、入って、で、なんか、こう~カフェスペースとかもあって~いいなって思いながら、見て、で、そしたらありすぎて、なんかどうしたらいいのかわからなくて。なんかその、調べたやつで出てきたのは、エクレアとかだったんですよ。エクレア見たんですけど、なんかいっぱいあって、種類が。で、エクレアだけだと地味だなと思って。じゃあ、ケーキかなと思って。なんかオススメ聞いて、とりあえず、なんか、なんか、とりあえず、数だけ確認して、「なんかオススメでなんかかぶらないような感じで~入れて下さい」って言って~で、入れてもらって。え~と~で、帰り、あとコーヒー買おうと思って、帰り、大通りまで出て、中々タクシーがいなくて、ちょっと歩きつつ、拾って~で戻って来て。で、○○コーヒーに行ったんですよ。なんか△△コーヒーじゃないな、って思って、○○コーヒーに行ったんですけど~なんかいっぱいあって、種類が。なんちゃらミルクコーヒー、なんちゃら黒糖ゴマなんちゃらコーヒーとかいっぱいあって、で、私がコーヒー飲めなくて。だからコーヒー以外も入れたいなって思って~。（※○○、△△には具体的な店名が入ります）

Yの発言

カフェと～あの～ショップって書いてあったので、そっちの方に降りて行ってみたら～ショップ？　でもちょっとわかりづらかったので、そこの建物の、なんだろ～ドアを開ける人ってわけじゃないんだけど、なんか、警備じゃないけど、なんか女性の方が立っていたんで～その方にお伺いして～「この辺でなんかお菓子とかお土産とか買っていけるところないですか」って聞いたら、あの～そこ、上の方に行ったので、階段っていうか、なんだろ、レストランみたいな中を通って行ったんですけど～「ここの下を降りて、左に行くとエスカレーターがあるので、それで下に降りて下さい。そのエスカレーターを降りて、今度は右に行くと、扉があるので、その扉を出て、左に行くとありますよ」って言われたので、そっちに、のお店に行きました。で、あ、その前に、行く前に、その人に「なんかお土産でお菓子買って行くならどっちがいいですか」って聞いたら、「ケーキがあります」って言われて、「上にもケーキがあったんですけど、どっちがいいんですかね～」って言ったら、「でも下の方がなんか結構お土産としてはいいんじゃないんですか」って勧めて頂いて。

いかがでしょうか。ウソの発言を推測できましたでしょうか。X、Yそれぞれの発言を①〜⑧の評価項目に関連付け解説します。

X、Yの発言ともに、発言内容に矛盾はなく、整合性があると言えます。物事が起きた順序についてもわかるように語られています。しかし、Xの発言に比べて、Yの発言は、**空間情報**、**会話の再現を含む詳細な情報**が豊富にあります。また、Yの発言には、**順序立っていない発言**（「あ、その前に、行く前に」）も登場しています。ゆえに、Xに比べ、Yの発言の方が、真実性が高いと推測することが出来ます。正解は、Xがウソをついている、です。

ところで、採用面接や昇進試験などで選抜者が語る決意や夢・目標、政治家が語る政治的信条、社内不正の内部告発等の信用度を推測したい場合は、①〜⑧をそのまま当てはめられないことがあります。体験の有無が中心的な話題ではないためです。

このような場合、次の方法を試して下さい。決意や信条、告発等が主張となり、その主張を支える根拠として、自身の体験が語られるはずです。この体験に関わる語りの部分のみ、①〜⑧から評価するのです。そのうえで、その体験談が自らの主張に無理なくつながるかを判断するといいでしょう。*1

本音を引き出す「七つの質問」

ここまで表情・ボディーランゲージ・声、と様々な非言語情報・言語情報の意味及び注目ポイントを見てきました。つまるところ、こうした情報の意味を適切に推測するには、いわゆる「文脈」が重要なのです。

文脈が単純であれば、相手の本音を理解することは容易でしょう。しかし、文脈が複雑な場合、「なぜこの人は、こんな表情をしているのだろう」「その言葉の真意は何だろう」と相手の本心がつかめないこともあると思います。

そんなときは、何らかの「刺激」を与えることで、相手の本音や心理を浮き彫りにすることが出来ます。感情は、刺激に対する反応として表れます。その刺激は、様々です。例えば、薄暗い場所が刺激となり、恐怖が生じることもあります。奇異な音が刺激となり、恐怖が生じることもあります。疑いのまなざしが刺激となり、恐怖が生じることもあります。ウソをつくことが刺激となり、ばれやしないかと恐怖が生じることもあります。相手の恐怖を非言語や言語から認識したとしても、刺激が何なのかわからない限り、恐怖の原因がわかりません。

そこで、質問法が大切になって来るのです。質問という刺激を相手に与えることによって、非言語・言語情報を引き出すことが出来るからです。

さらに、複数の非言語・言語情報に注目すると、より本音や心理を深く理解できます。とは言え、いきなり複数の非言語・言語情報に注目するのは不可能ですので、まずは一つの反応に注目し、慣れてきたら複数の反応に注目していくとよいでしょう。[*2]

そこで本節では、科学的・実践的にも有効性が確認されている、本音を引き出す上で大切な「七つの質問」を説明します。また、それらを基本質問三つ・応用質問四つに分け、非言語・言語の注目ポイントも説明します。質問法を軸に、表情・ボディーランゲージ・声情報を統合します。では、具体的な質問テクニックをみていきましょう。

【基本質問】

①オープン質問

オープン質問とは、回答者が「はい」「いいえ」や、短い単語では答えられない質問をするテクニックのことです。オープン質問の目的は、回答者から包括的な情報を聞くことです。

具体的には、「○○についてどう思いますか」「○○について出来るだけ多くのことを教えて下さい」「○○について知っていることを出来るだけ詳細に教えて下さい。あなたが些細だと思うことでも、私にとっては大事なことかも知れませんので、何でもお話し下さい」というような尋ね方になります。

ここで、回答に気になる点が生じると、すぐに追加の質問をしたくなるかもしれません。現役の取調官ですら、慣れないうちはオープン質問を維持できず、矢継ぎ早に後述するクローズド質問を重ねてしまいがちです。黙って相手の話を聞き続けることは難しいことなのです。しかし、我慢です。回答者の回答・記憶の流れを阻害してはいけません。オープン質問及びフォローアップ質問後、回答者が全ての回答を終えた後に、チェックしておいた箇所に生じた疑問を精査するのです。

②フォローアップ質問

フォローアップ質問とは、オープン質問で得られた情報をさらに広げ、気にかかった点や、不明瞭な点を深堀りする質問をするテクニックのことです。フォローアップ質問の目的は、得られる情報の範囲を広げることです。具体的には、「他にも知っていることはありますか」「他に話したいことや話すべきだと思っていることはありますか」「今お話し頂いたことをさらに具体的に教えてくれますか」というような尋ね方になります。回答者がもう他に思い出せることはない、答えられることはないと感じるまで続けます。

③クローズド質問

クローズド質問とは、「はい」「いいえ」や、短い単語で答えられることを問うテクニックのことです。クローズド質問の目的は、得られた情報を再確認したり、話題の方向をコントロールすることです。具体的には、「○○ですか」「○○について知っていますか」「○○について明確にさせて下さい。○○について認識されていますか」というような尋ね方になります。

質問が直球なため、刺激と反応の関係を推測しやすい特徴を持っています。「Aについて知っていますか」「Aはいかがですか」というクローズド質問をしたときに、Aについての質問に微表情が生じる、あるいは、Aについて曖昧に答える。このような場合、Aについて特別な感情を抱いている可能性が高いと考えられるわけです。その感情を突き詰めるべく、Aについてさらに質問を重ね、精査します。

クローズド質問に対する微表情を、売買交渉の実例から見てみましょう。これは著者が行った実験です。実験参加者を買い手と売り手に分け、架空商品の価格及び輸送時期について交渉してもらっている場面です。

価格

売り手：あの〜こちらの方としては、単価、今、三〇〇〇円ぐらいで考えているのですが、いかがでしょうか？

買い手：なるほど。（「しー」と息を吸う音）。

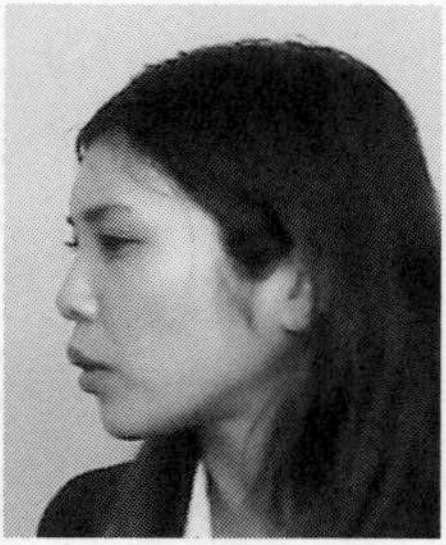

①

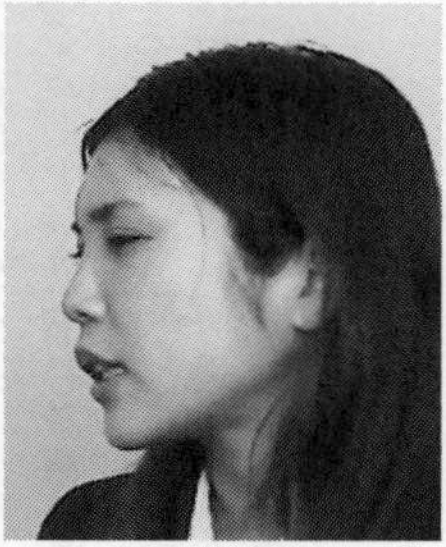

②

買い手の表情は、①の中立表情から②の微表情に変化します。口角が水平に引かれ、上唇が引き上げられ、まぶたに力が入れられています。**恐怖と嫌悪の混合微表情**です。三〇〇〇円という価格に、脅威と不快を抱いていると推測できます。交渉を成立させるには、価格が三〇〇〇円であることを相手が納得できる理由を話すか、値下げの方向に切り替える必要があるでしょう。

輸送時期

売り手：輸送時期に関しましては、今、ご希望がありますか？
買い手：はい、はい、はい、それがですね、ちょっと正直なところ、その〜もう一社さんっていうのが、ちょっと遅いなっていうのが正直〜あるんですね。
売り手：そうなんですね。
買い手：なので、本当に我々としましては〜早ければ早いほど。
売り手：こちらの方としては一週間でと考えているんですが、いかがでしょうか？
買い手：なるほど。

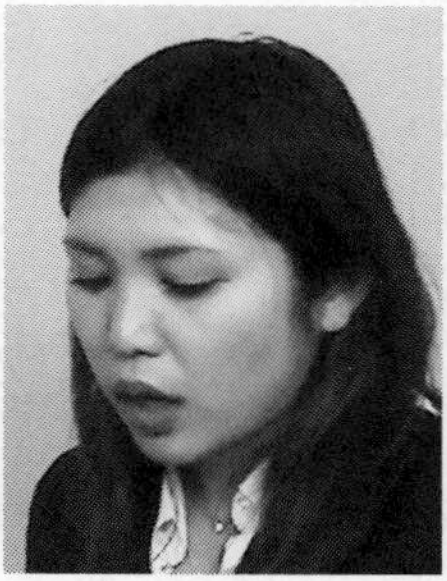

　買い手の表情は、**眉が引き上げられ、口が開けられています**。**驚きの微表情**です。一週間という刺激に対して、検討しようとしていると考えられます。ネガティブな表情ではないため、輸送時期は、一週間でも今のところ問題ないと推測できます。

　もう一つ。クローズド質問に対する実例を見てみましょう。二〇一七年、神戸市の某議員による政務活動費の不正請求疑惑が報道されました。市政報告のチラシを架空発注したのではないかという疑惑です。疑惑に対して市議は、市政報告のチラシを二〇一〇～一四年度に計八回、各回五～八万部（総額約七〇〇万円）を印刷業者に発注したと反論。市議がマスコミの取材に答えているところです。

取材陣：ご自分で（何万部を）投函されたとかそういうことじゃないんですか？
某市議：そういう、ことです。

取材陣：何万部というものをポスティングされるということは、どれくらいの時間がかかっているんですかね？

某市議：あの～ごめんなさい。これはたぶん、凄く責任をとらないといけない部分が、あの～たくさん余ってた、というのは事実で、ございます。

と弁解し、「半分以上配り切れず、余ったチラシは廃棄した」と、市議は架空発注を否定します。自分でチラシを投函したことには即答しています。一方、投函する時間に関するクローズド質問に対しては、曖昧に答えています。何万部という数ですので、投函にかかった時間を正確に答えるのは難しいかも知れません。しかし、何万部も投函したという体験が真実ならば、むしろ強く記憶に残っているはずです。せめて、「おおよそ○日かかったと思います」や「○月～○月にかけての期間でしょうか」といった答え方になるのではないでしょうか。追加質問をし、クリアにする必要があります。なお、後に様々な証拠から架空発注が明らかとなり、この市議には有罪判決が下されています。

以上、オープン質問、フォローアップ質問、クローズド質問でした。これらの基本質問だけでも相当の情報を得ることが出来ます。犯罪容疑者の取り調べ、犯罪被害者・目撃者からの事情聴取、採用面接やビジネス交渉、部下からの報告・相談、家族内の相談等々、あらゆる場面で使うことが出来ます。

さらに、基本質問だけでは情報が足りない場合、応用質問を使う戦略に切り替えます。

【応用質問】

④反予測質問

反予測質問とは、回答の準備が困難なことについて問うテクニックのことです。反予測質問の目的は、詳細な情報を得る、回答の真偽推測をすることです。反予測質問は、現在も研究が進行中で各種方法が考案されています。なかでも著者が使い勝手がよいと判断している方法は、**行動プロセス質問、感覚質問、悪魔のささやき質問**の三つです。

▽反予測質問1・行動プロセス質問

行動プロセス質問とは、活動の各段階について問うテクニックのことです。回答者が経験した活動をいくつかの段階に分け、その段階ごとの描写を聞き出すことで、より詳細な情報を得ることができます。具体的には、「その日のタイムスケジュールを〇段階（三〜五段階が適当の場合が多い）に分け、詳しく教えて下さい」という尋ね方になります。

また、この質問は、過去の記憶だけでなく、未来の出来事について問うことにも有用です。例えば、回答者がどの程度、旅行に行く気があるかどうかを推測したいとします。「その旅行を計画するうえで、最も苦労した点はどこですか」「どのような交通手段で目的地をまわりますか」「あなたが最も行きたいと思っている場所はどこですか」という尋ね方になります。

▽反予測質問2・感覚質問

感覚質問とは、視覚・聴覚・触覚・嗅覚・味覚に関して問うテクニックのことです。真実の体験には、五感情報が伴う傾向にあります。五感情報を刺激する質問をすることで、記憶が刺激され、より多くの詳細情報を得ることが出来ます。具体的には、「何を見ましたか」「何か音を聞きましたか」「何か特徴的な手触りを感じましたか」「何か匂い・香りを感じましたか」「どんな味でしたか」という尋ね方になります。

▽反予測質問3・悪魔のささやき質問

悪魔のささやき質問とは、回答者の主張する見解と、全く逆の見解を問うテクニックのことです。主に、回答者の信念について真偽推測したいときに使用します。具体的には、「仮にあなたが今と逆の立場だとしたらどうしますか」という尋ね方になります。

しかし、回答者がウソをついている場合、この質問に対してもウソの考えを述べる可能性があります。そのため、逆の立場についても説得力のある意見となるようなインセンティブを与える必要があります。「自分の信念とは反する意見でも、それを客観的に分析し、評価できる力は高評価である」という基準が存在する場合、回答者は自己の意見も、自分の意見と反する意見も、同程度の説得力を持つように回答しようとするでしょう。

例えば採用面接などで、応募者に課題を与え一人ディベートをしてもらう、ライバル企業の評価をしてもらう（ライバル企業の方が第一志望だということがわかるかも知れません）、そんな方法が考えられます。回答者が回答を述べている様子を注意深く観察し、二つの回答内容を比べると、本音の方が、言語情報が豊富になります。表情や身ぶり・手ぶりも豊かになります。

著者が行った実験を紹介しましょう。実験参加者には、悪魔のささやき質問をすることを予め伝えておき、自身の好きな食べ物、あるいは嫌いな食べ物について、語ってもらう実験をしました。最初に「好き」という立場で、次に「嫌い」という立場で語ってもらいます。

双方の回答を聞いて、著者が回答者の好き嫌いを見抜けなければ、その回答者には賞金を渡すという条件を提示してモチベーションを刺激しています。左は、レバーに関するある参加者の回答です。

〈レバー好きという話〉

著者：それでは、あなたが好きな食べ物について出来るだけ詳しく教えて下さい。

実験参加者：私は、レバーがすごく好きです。え〜なぜかと言うと、まぁ〜、あの、味が結構嫌いな人とかいると思うんですけど、逆にあの味が好きで、なんかこう、鉄分って結構レバーに入っているんですけど、そういうの「食べてるな〜」って感じと、あと、まぁ、お酒とか、飲んだときに、すごい合うんですよね。で、やっぱ焼き鳥屋とか行くと、もう、まずあったら頼むんですけど。あと、一番好きなのが、レバ刺し。あれを〜あの、発見したときは、すごく衝撃的で、もともと好きだったんですけど、「あ、レバーってこんなにまた美味しんだ」みたいな発見をさせてくれて、あれをゴマ油で食べたりしたときの美味しさがすごい。はじめて食べたとき、今でも、思い浮かぶんですけど。で〜あと、今、もつ焼き屋に働いているんですけど、まぁ、そこでアミレバーっていうのがあって、網脂を巻いてあるレバーなんですけど、そのレバーがもともと、こう～レバ刺し用に、まぁ、刺身用にも食べられるレバーを使ってて、それをまぁ、だいたいミディアムレアで焼いてくれんですけど、それを食べさせてもらったときに、また、この、「あ、すごい美味しいな」みたいな発見があって、そうですね～はい。

〈レバー嫌いという話〉

著者：ありがとうございます。それでは、今度は逆にレバー嫌いの立場になって、嫌いな理由を出来るだけ詳しく教えて下さい。

実験参加者：私は、レバーがすごく嫌いです。え～なぜかと言うと、まず、あの～独特な、あの、苦味のある味と言うか、その味がまず嫌いで～、で～、特に、あの～焼いてあるレバーが、すごくあの～もちろん味も嫌なんですけど、食感の、あの、パサパサした、あれが本当に、食べ物なんですけど、まぁ、自分的には、あんまり、好きではなくて～、なんか好きな人はすごく好きだと思うんですけど、まぁ、僕は、すごく嫌いで、で～、今、僕、もつ焼き屋に働いているんですけど、まぁ、レバーがあるので、まぁ、一番初めに、あの～バイトの面接に行ったときに、なんか、「うちの目玉商品だから」って言われて、アミレバーって言うんですけど、網脂を巻いたレバーなんですけど、まぁ、それはなんか「レバ刺しでも使えるようなすごい新鮮なレバーだから、たぶん嫌いな人でも食べられるから食べてみなよ」って言われて、「あ、じゃ」って言って、まぁ、食べたんですけど、それも結局、あんまり口に合わなくて、まぁ、折角食べさせてもらったので、あんまり美味しくないとは言えず、「あ〜食べられますね」って言って、まぁ、そんときはウソついたんですけど、結局。う〜ん。

いかがでしょうか。ウソの発言を推測できましたでしょうか。それぞれの発言を、信用できる発言内容の特徴①〜⑧の評価項目（一五二ページ）に関連付けて解説します。両者の発言ともに、発言内容に矛盾はなく、整合性があると言えます。しかし、レバー好きの話に比べ、レバー嫌いの話の方が、時間情報、会話の再現、第三者の心理状態の推測含め、内容が詳細です。回答者は、レバーが嫌いなのです。

⑤反復質問

反復質問とは、同じ内容の質問を違う視点から再度問うテクニックのことです。質問の目的は、回答者の記憶の精度を推測する、あるいは、回答者の忘れていた記憶を呼び起こすことです。反復質問も反予測質問同様、現在も研究が進行中で各種方法が考案されています。なかでも著者が使い勝手がよいと判断している方法は、**逆質問**、**図解質問**、**交互質問**の三つです。

▽反復質問1・逆質問

逆質問とは、時系列を逆にして問うテクニックのことです。真実の体験者は、記憶を再構築しながら話します。ウソつきは、ウソのストーリーを記憶し、それを話します。真実の体験者ならば、逆質問に答えることによって記憶が再構築され、最初の回答にさらなる情報が追加されたり、修正が入ったりし、より詳細かつ豊富な回答をすることが出来ます。ウソつきは、逆質問をされても、再構築する記憶がないため、時系列順で答えた回答と同じ内容、回答の繰り返しとなり、より詳細・豊富な回答にはなりません。具体的には、「お話し頂いた回答を時系列を逆にして、お話し下さい。元の回答に追加・修正が起きても問題ありません」という尋ね方になります。

「逆質問は不自然で使えないのではないか？」と思われる方がいるかも知れません。そういうときは、質問の前にエクスキューズを入れる。例えば、「記憶は様々な視点から刺激されると、忘れていた新たなことが思い出されたり、前に話したことが記憶違いだとわかることもあります。そこでこれから記憶を時系列とは逆に辿って頂きたいと思います。逆からお話し下さい。訂正や記憶違いがあっても遠慮せずにおっしゃって下さい」と説明すればよいでしょう。あるいは、逆質問の状況を作るという手もあります。「某重要施設の内部に入ったことがある」という人物に施設内部を説明してもらうと仮定しましょう。最初、入口から入って建物の中心部に到達する様子を語ってもらいます。次に中心部からどのように入口まで戻ったかを尋ねます。すると、最初の質問が時系列を順に辿る質問、後の質問が逆質問の役目を果たすでしょう。

▽反復質問②：図解質問

図解質問とは、回答者が口頭で語った内容を図に描いてもらうことです。主に、五感情報や空間情報が対象となるでしょう。例えば、「昨日の夜、あるレストランにいた」という人物に、そのレストランの様子をまずは口頭で答えてもらい、次に「その様子を絵に描いて下さい」と促す方法です。回答者が真実を話しており、記憶がしっかりしていればいるほど、正確なレストラン内部の図が描けるはずです。

この質問に対する実験を見てみましょう。実際に買い物に行ってきた実験参加者と、買い物に行ってきたフリをしている実験参加者がいます。どんなところに買い物に行って来たかをそれぞれに質問しました。まずは口頭で、「魚屋さんや肉屋さんがある場所に行ってきた」と答えてくれました。次に図解質問です。質問に次のような微表情が生じています。

実験参加者Aの回答

質問者：魚屋さんとか肉屋さんがある位置関係の図を描いてもらえますか？

実験参加者A：はい。

実験参加者Bの回答

質問者：魚屋さんとか肉屋さんがある位置関係の図を描いてもらえますか？
実験参加者B：絵で？

いかがでしょうか。どちらの参加者を精査した方がよいでしょうか。実験参加者Aは、下唇が引き上げられています。上あごのしわから判断できると思います。**認知的負担を示す微表情**です。口頭で語った内容を図に変換する際、再度場所について記憶を辿る必要があるため、この程度の認知的負担を抱えるのは自然に思えます。実験参加者Bは、眉が引き上げら

れ、上まぶたが引き上げられているところから、**驚き、あるいは恐怖の微表情**、右の口角が引き上げられているところから**軽蔑の微表情**が浮かんでいることがわかります。実際に行ってきた場所を図にすることに対し、この反応は不自然です。実験後、実験参加者Bがウソをついていたことが明らかとなりました。

▽反復質問3・交互質問

交互質問とは、同じ体験をした二人の回答者に対して、交互に問うテクニックです。この質問は、二人以上の回答者が存在するときに活用できるテクニックです。私たちの記憶力や注意を向ける対象は個々人によって差があるため、同じ体験をした複数の人物から回答を得ることで、より詳細な情報を集めることが出来ます。交互質問の具体的な方法は次の通りです。

回答者が二人いるとします。最初は回答者を一人ずつ個別に質問し、情報を集めておきます。次に、二人を同室に入れて、もう一度同じ質問をどちらか片方にします。特に最初の質問時に両者の回答がズレていた点を集中的に質問します。そして適当な間隔で（だいたい二〇秒から三〇秒毎）、片方の回答を途中で遮り、もう一方にその回答の続きをしてもらいます。

記憶や注意対象の個人差から、真実の体験者の方が、回答内容がズレることが自然です。例えば、同じ人物を目撃していたのに、メガネをかけていたかいなかったか両者で記憶が異なる。あるいは同じ車を見ていたのに、その色が異なる。同じ目的地に二人で向かったのに、所要時間の感覚がズレる等です。ウソの回答をしているときは、両者の回答内容がピッタリ一致する、あるいは、片方の回答に話を合わせるようになります。

ただ、交互質問法は、回答者の回答を恣意的に遮ることになり、回答者の気分を害する恐れがあります。非協力的な態度を導いてしまうことがあるため、使用には注意が必要です。

⑥コントロール質問

コントロール質問とは、ある疑惑に対する反応と、比較可能な真実に対する反応を比べるテクニックのことです。質問の目的は、真実を回答しているときのベースラインを確立し、このベースラインとは異なる反応を見つけることです。ベースラインとは、真実を話しているときの非言語・言語の基準のことです。ベースラインがわかれば、「なぜこの話題・項目・質問に対して、ベースラインとは異なる反応を見せたのだろうか」と精査するポイントを絞り込むことが出来るのです。

適切なベースラインを確立させるためには、コントロール質問を工夫する必要があります。「天気や趣味など差しさわりのない話題を話しているときの言動をベースラインとせよ」と、巷にあふれる書籍には書かれています。しかし、これは適切なベースラインではありません。差しさわりのない話題を話しているときと、自分が疑われている重要な話題を話しているときとでは、心理状態は全く異なり、ゆえに言動も異なるからです。**真実かつ重要な話題を話しているときの非言語・言語の反応を得る必要がある**のです。

それでは、具体的にどんなふうに質問したらよいのでしょうか。実は、これまで説明してきた質問テクニックの中に登場しています。一つは、逆質問です。時系列を順番に語っているときの回答者の様子をベースラインとし、逆順に語っているときの様子がどれだけそのベースラインから乖離するかを観察するのです。

また、悪魔のささやき質問を、コントロール質問として利用することもできます。自身の信念を語っている回答者の最初の様子をベースラインとし、逆の立場から語っている時の様子がどれだけそのベースラインから乖離するかを観察するのです。

証拠や第三者の情報から、回答者に関する重要な真実を得ている場合、コントロール質問をしているのと同じような状況を作ることが出来ます。著者の行った実験から説明します。

実験参加者に自身の色々な嗜好について回答してもらいます。真実もあれば、ウソもあります。一つひとつの内容について著者が真実とウソを見抜けなければ、同じ金額の賞金を渡すという条件を提示することで、各会話時（嗜好についての話A、B、C）の心理状態が同じになるようにしています。

質問者は、嗜好についての話A、B、Cをあれこれと聞いた後、それぞれ最後に「私にウソをついていますか？」と質問します。実験参加者は、「ついていないです」と左の表情を見せながら、答えました。

嗜好についてA

嗜好についてB

嗜好についてC

第三者の情報から、嗜好についてAの話が真実であると事前にわかっています。Aの表情は、口角が引き上げられ、唇が上下からプレスされています。この人物にとっては、真偽が問われているプレッシャー下で真実を話す際に、このような表情になるわけです。これをベースラインとします。BとCの表情を観察すると、このベースラインから、BもCも乖離しています。Bは、口角が引き上げられ、下唇が引き上げられ、唇が口の中に引き込まれています。Cは、口角が引き上げられ、唇が上下からプレスされ、エクボが作られています。表情筋の動きの変化が、Cに比べ、Bの方がベースラインから乖離しています。したがって、Bの方がウソの可能性が高い。実験後、Bがウソで、Cが真実であることがわかりました。

⑦要約質問

要約質問とは、回答者がすでに述べた内容について、再考、要約を求めるテクニックのことです。質問の目的は、回答者が自ら発した情報を再確認してもらうことです。要約の途中で、新たな記憶が思い出されたり、記憶違いや訂正をする機会が生まれるため、回答の精度を高めることができます。具体的には、「ここまでのあなたの回答をまとめて下さい」と尋ねたり、回答者が要約するのを困難に感じている場合、「あなたのこれまでの回答を確認させて頂きます」と言い、質問者が回答者と一緒になって確認することもできるでしょう。しかしその場合は、回答者がこれまで用いた言葉遣いをそのまま使い、誘導尋問にならないようにすることが重要です。

スパイに口を割らせる⁉──シャーフ・テクニック本邦初公開

本章の最後に、第二次世界大戦中、スパイや戦争捕虜の尋問に使われてきた伝説のテクニックを紹介します。その名を**シャーフ・テクニック**と言います。第二次世界大戦中、ドイツ空軍所属の尋問官ハンス・シャーフによって生み出された名人芸的なテクニックです。シャーフは、自ら編み出したテクニックによって、スパイや戦争捕虜から重要な情報を引き出すことに成功しました。その手法はあまりにも鮮やかだったため、尋問されている方も秘密を漏らしていることに気づかないほどだったそうです。

この名人芸を科学的に検証しようと、二〇一〇年から研究が重ねられて来ました。シャーフ・テクニックの効果をメタ分析すると、五つのことがわかっています。シャーフ・テクニックを用いると対象者に直接的に質問をするオーソドックスな方法に比べ、シャーフ・テクニックを用いると──。

（1）対象者から新しい情報を得ることが出来る
（2）対象者は新しい情報を提供しているという自覚が希薄になる
（3）対象者は尋問官がより多くの情報を握っていると錯覚する
（4）対象者は自身が提供した情報量を実際に提供した情報量に比べ、低く見積もる
（5）対象者は尋問官の尋問の目的がわからない

（1）の効用は明らかです。（2）〜（4）は、対象者に罪悪感を抱かせたり、躊躇させたりせずに、情報を引き出すことに成功していることを意味します。特に（3）により、対象者は「自分は、尋問官が知っている情報に追随しているだけだ」と思うことが出来、自国を積極的に売っているわけではないと思えるのです。（5）は、尋問の目的がわからないことによって、スパイや捕虜が自国に帰ってから、他国からどんな目的の尋問を受けたかと尋ねられても答えることが出来ず、それゆえに、相手がどんな情報を重視しているのか、持っていない情報は何か、翻って、相手の弱点はどこにあるのかが明らかにならないのです。
　このような効果が実証されているシャーフ・テクニックですが、具体的にどのようなもの

なのでしょうか。シャーフ・テクニックは、主に次の五つの要素から構成されています。

(1) 対象者と友好的に接する

対象者を責めたり、脅したり、心理的に操ろうとするのではなく、心から対象者と友好的になるように努力し、対象者の心情に共感し、適切な言葉遣いをもって丁寧に接します。

(2) 情報提供を迫らない

直接的な質問を避け、対象者に情報の提供を迫らないようにします。対象者の自律性を重んじ、情報を要求するのではなく、情報を提供してもらえるように振る舞います。

(3) 重要な情報をすでに知っているという印象を醸し出す

対象者に、秘匿できている情報などもうないと思わせるくらい、「重要な情報についてはすでに知っている」という印象を与えます。こちらが現時点で知っている対象者の知識や対象者の活動事実を尋問に巧みに織り交ぜ、対象者に「尋問官は全て知っている」という錯覚を起こさせるのです。

（4）意見を述べ、肯定・否定を促す

直接的に質問するのではなく、尋問官が実際に知っている事柄や、あるいは、事実であり得る事柄、事実ではあり得ない事柄を対象者に投げかけ、対象者が肯定する、あるいは否定することで、対象者自身に尋問へ貢献する機会を与えます。

例えば、留学から帰って来たある官僚が、留学先で国益を害する可能性のある情報を漏らしてきた疑いが浮上したと仮定します。

尋問官は、その官僚が指導教授の自宅を何度も訪問していた情報を得ています。その教授は、公共政策の専門家で、その国の要職にも就いていることがわかっています。指導者という立場を利用して、本国の機密情報を得たのではないか、得たとしたらどのように得たのか知りたいと考えています。

尋問官：あなたは、留学中、指導教授の自宅に度々招かれていましたね。プライベートで。

官僚：はい。ただ、プライベートではなく、課外授業の一環というか、特別授業ですね。他に何名も留学生が出席していましたよ。

尋問官：そこで何をしていたのですか？

官僚：ある状況下において自国の取り得る政策をシミュレーションする、というものでした。ただ、教授の奥様の手料理とワインを楽しみながら、きっちりした授業、という感じではなかったですね。

尋問官：そこで、国の軍事政策についてよく議論していた。

官僚：軍事政策を議論していた留学生もいましたが、私は軍事に詳しくありません。専ら、エネルギー政策のシミュレーションを披露していました。取り上げられていた政策は多岐にわたっていましたね。

尋問官：あなたの指導教授は、エネルギー政策の専門ではありませんよね。

官僚：そうです。そこで、教授がより議論を深めたいと、時々、エネルギー政策の専門家をゲストとして招き、様々な観点から議論をしました。私の知らない知識や方法を伺うことが出来、大変勉強になる機会でした。

尋問官は、尋問の前段階において、教授宅の訪問がプライベートかどうかは知りませんでした。軍事政策ではないことは、官僚の専門性から判断していました。教授の専門が、エネルギー政策ではないことも知っていました。

以上のように、事実と事実ではない話題を対象者に振ります。事実には肯定、事実ではないことには否定、ときに間違いを修正してもらったり、追加情報を得たりしながら、会話の流れを形成し、情報の確度を高めていくのです。

シャーフ・テクニックを駆使することで、指導教授は、外国政府が将来取り得る政策に関する情報を、政策決定に近い将来携わる可能性の高い官僚から課外授業という名目で得ていた、ということが明らかとなるのです。

(5) 新しい情報を得たことを認めない

新しい情報を対象者が漏らしたとしても、こちらが知らなかったのを悟られてはいけません。尋問官は全てのことを把握した上で尋問している態をとり、尋問の目的が何なのかをわからせない状態にしておきます。

第二次世界大戦中に活用され、近年、科学的に効果があると実証されたシャーフ・テクニック。対象者は、尋問を受けているというより、ただ単に会話をしている、という印象を抱きます。その「単なる会話」の中に、巧みなテクニックが組み込まれており、対象者は知らず知らずのうちに重要情報を提供してしまうのです。

シャーフ・テクニックのエッセンスは、近年開発・運用されている効果的な面接法と共通する部分があります。このテクニックを自らの経験則で生み出した、シャーフの創意・工夫の鋭意、そして、運用場面におけるコミュニケーション力には驚きを隠せません。

＊1　ここでは言語分析の観点から真偽推測するにはどうすべきかを提案しています。実際の場面で真偽判定の精度を高めるには、言語分析、非言語分析、質問法を組み合わせて、総合的に考察することが大切だと考えます。

＊2　真偽判定の方法については様々な議論があります。非言語に生じるウソのサインは妥当性が低い、あるいは微細なため、言語に生じるウソのサインに注目する方が、判定精度が上がる、という研究結果があります。一方、ウソつきは往々にして言語運用能力に長けているものの、ウソに関わる非言語のサインを抑制することが不得手であるため、非言語に注目する方が、真偽の判定精度が上がる、という研究結果もあります。このことから真偽判定をする際は、言語サイン及び非言語サイン両方を観察できることが大切だと言えます。

コラム4　ウソを見抜きたいと思う心に潜む危険なバイアス

警察官や検事など普段からウソに接する仕事をしている方、あるいは、疑い深い性格の方は、ウソバイアスというメガネを通じて、人の話を聞く傾向にあることが知られています。「この人はウソをついているのではないか？」と偏見を持ってしまうのです。ウソバイアスの反対が、真実バイアスです。人の話を真実であるという前提で聞くという偏見です。

ウソバイアスに陥ることなく、真実を導いた実例を紹介したいと思います。元裁判官の体験記述からの引用です。裁判の冒頭、裁判官が、被告人に事件について黙秘権や、任意に陳述する権利がある旨を告知している場面です。

「ある詐欺事件で、権利告知をしたところ、事実を認める旨述べた。しかし、その直後、席に戻る被告人ののど仏が異常に上下していたので不審に思い、もう一度前に来させ、本当に犯人なのかと聞いたところ、しばらく黙っていたが、自分は犯人ではないという。

国選弁護人もそうは聞いていなかったので、期日を改めて、審理を尽くした。結局、無罪となり、検察官の控訴もなく、確定した」（原田, 2012, p.10）

のど仏の異常な動き。相手が被告人であることを考えると、「罪を犯したやましさから生じているのだろう」と解釈しそうなものです。しかし、この裁判官は、公平な目と心で被告人に接し、無罪を明らかにしたのです。

冒頭に挙げた方々以外でも、ウソを見抜くことに関心がある方は、ウソバイアスに陥りやすいように思います。ウソを見抜くことに関心がある方こそ、殊更に、バイアスが生じる原因や、バイアスから抜け出せなくなるプロセス、さらには、それが冤罪につながってしまうプロセスに注意を向けて欲しいと切に思います。冤罪について学べる書籍を何冊か紹介したいと思います。

- 高木光太郎（二〇〇六）『証言の心理学　記憶を信じる、記憶を疑う』中央公論新社
- 今村核（二〇一二）『冤罪と裁判』講談社

- 原田國男（二〇一二）『逆転無罪の事実認定』勁草書房
- 浜田寿美男（二〇一八）『虚偽自白を読み解く』岩波書店
- 山田隆司（編）嘉多山宗（編）木谷明（著）（二〇二〇）『「無罪」を見抜く　裁判官・木谷明の生き方』岩波書店

本書と併せて読み、バランスのよい精神を醸成して頂ければと思います。

第五章　日常に潜む危険サイン

離婚率九〇パーセントの表情

夫婦ゲンカの際にある表情が観られると、離婚につながる可能性が高いことが知られています。それはどんな表情でしょうか。

家族心理の研究で有名なジョン・ゴットマン博士の研究によれば、夫婦ゲンカの際に軽蔑と嫌悪表情が観察されると、その四年後には九〇パーセントの夫婦が離婚すると言われています。特に、男性には軽蔑の表情が多く、女性には嫌悪の表情が多く観察される傾向にあると言います。

一方で博士は、夫婦ゲンカのときに怒りが表れる分には安全だと言います。怒りは激しい感情を表す一つの形に過ぎないため、ケンカという状況においてそれは普通のことだからです。しかし、相手を見下す感情である軽蔑や、相手を拒絶する感情である嫌悪は、愛情にとって必要不可欠なポジティブな感情や思いやりの感情を阻害してしまい、離婚を予測する指標になると説明しています。

このことは、離婚に限らず、あらゆる人間関係にも当てはめることができると思います。

怒りという感情は「障害の除去」という行動に向かいます。夫婦間含め、あらゆるパートナー間で起こる食い違いがこの障害にあたります。障害を除去しようとするからこそ、怒りという感情が起こり、そのパワーを用いて、コミュニケーションを続けようとするのです。

しかし、軽蔑や嫌悪という感情を抱いてしまうと、コミュニケーションの断絶が起きてしまいます。軽蔑を抱いた方は、相手を対等な立場とはみなさなくなり、相手が下手《したて》に出ない限り、話を聞かなくなります。

嫌悪は「不快なモノの除去」という行動に向かいます。パートナーとのコミュニケーション自体を不快と感じてしまうと、「口もききたくない」という状態になってしまいます。これではケンカや言い争いどころか、意見の調整というコミュニケーションすらまともにできなくなります。

相手が発している軽蔑や嫌悪に気づくことが出来れば、自分のどんな言動に問題があったかを内省し、冷静に考えることが出来ます。しかし、相手の感情に気づけなければ対処のしようがありません。

「雨降って地固まる」というように、ケンカや意見の食い違いを経験したからこそ、仲がより深まるということもあります。ケンカや意見をぶつけ合うときこそ、自他の感情の流れをロジカルに捉え、冷静に自分を見つめることが大切だと思います。

子どものウソは泥棒の始まり？

四～五歳のお子さんがいると、「あれ！　この子、ウソついてる？」と感じる時期が訪れると思います。そして、年齢が上がるにつれ、子どものウソはどんどんと巧みになっていきます。ウソをつくには、他者の心の状態を想定するという高い認知力が必要です。また、ウソがばれないように自分の行動を意識し、抑制するスキルが必要です。巧みなウソをつけるということは、知能が発達してきている証拠だと捉えることが出来ます。しかし、「嘘つきは泥棒の始まり」という言葉があるように、子どもがウソをつくことを心配される方もいるでしょう。親は、子どものウソにどう接したらよいのでしょうか。

こんな実験があります。六歳から一一歳の子ども一七二人を対象に、一対一の対面式クイズをします。子どもの目の前には、クイズの問題が書かれたカードが置かれており、出題者はそのカードを見ながらクイズを出します。子どもがクイズに回答したら、カードを裏返し、そこに書いてある答えを発表します。しばらくしてから、出題者はクイズを中断し、席を外します。子どもに少し待っているようにお願いします。

このとき、クイズの答えをのぞいてはいけないよ、と釘を刺しておきます。子どもは一人部屋に残されますが、子どもにはわからないように隠しカメラで録画しています。そしてしばらくすると、出題者が戻って来てクイズを再開するのです。出題者が不在の間、どのくらいの子どもがクイズの答えをのぞき見したでしょうか。

実験の結果、答えをのぞき見した子どもと、のぞき見しなかった子どもの割合は、丁度半分だということがわかりました。答えをのぞき見しなかった子どもの割合は年齢が上がるほど多く、「いけない」と言われたことは守るという道徳心が、年齢とともに醸成された結果かも知れません。

一方、答えをのぞき見した子どもは、そのほとんど（八〇人弱）がウソをつきました。さらに、年齢が上がるにつれ、巧みなウソをつく傾向にあることがわかりました。年齢の低い子どもは、なぜクイズの答えがわかったのかを尋ねると、黙ってしまったり、曖昧な理由付けをしますが、年齢の高い子どもは、「最近、学校で習ったばかりだから知っていた」というような巧みな理由付けをしたのです。日常のなかでこうしたウソをつかれたら、真偽を判断することは難しいかも知れません。

では、そうした子どものウソにどう接したらよいのでしょうか。

まずは、子どもにウソをつかせない環境作りが大切なのだと思います。本実験で言えば、答えが書いてあるカードを子どもの手の届くところにおかないことでしょう。

人は誘惑に弱いものです。テストで子どもがどんなときにカンニングするかを検証した実験では、不正が露呈する可能性が低ければ、その子の成績の良し悪しに関わらず、カンニングをする傾向にあることがわかっています。つまりは、ウソをつく機会を生み出さない環境作りが大切なのです。

それでもなお、子どもがウソをついてしまうとき。そんな時は、そのウソの性質や、背景にある要因について考える必要があるでしょう。そのウソは、利己的でしょうか。利他的なウソでしょうか。なぜウソをつかなくてはならなかったのでしょうか。本当に相手を騙す意図を持ち、発せられた言動でしょうか。子どもの認識と事実が異なっているだけかも知れませんし、非道徳的なウソかも知れません。いじめを受けている子どもが、いじめられていることが恥ずかしくて、あるいは、親に心配かけまいとウソをつくこともあるでしょう。よくよく子どもを観察し、子どもの声に耳を傾けてあげて下さい。あなたの観察力と接し方が、子どもを救うことになるかも知れないのですから。

消費者の言うことと表情は四割が一致しない

商品を購入したり、サービスを受けたりすると、商品の満足度や接客態度についてアンケートを求められることがあります。お客様がどれくらい商品やサービスに満足しているのか、マーケティングの観点から非常に気になるところです。プリントやｗｅｂのアンケートなどで満足度を測る形式が採られていますが、どのくらいお客様のホンネが反映されているのでしょうか。

「面倒だな」と思いつつも店員さんのお願いを断りにくく、アンケートに応じる。一〇項目程度から成るよくあるアンケート。評価は「大変不満」から「大変満足」まで七段階あります。余程訴えたいことがない限り、「大変満足」か「満足」にパパッとチェック。少しくらい不満があっても「満足」にチェックを入れたりします。不満の理由を答えるのが面倒だからという方が、ほとんどではないでしょうか。

アンケートに適当に答えるのは、面倒という理由だけではありません。質問事項の意図がわからなかったり、購入時の記憶が曖昧だったり、商品の購入動機が店に入る前と入った後とで変わっていたり、自分の本当の動機に自分自身すら気づいていない、ということもあるでしょう。ハーバード大学経営大学院のジェラルド・ザルトマン教授の研究によると、**自分自身の思考や感情のうち、本人が自覚しているものはたったの五パーセントで、無自覚のものが九五パーセント**なのだそうです。

このような私たちの無自覚の声を捉える方法はないのでしょうか。この疑問にヒントを与えてくれるのが、サンフランシスコ州立大学ディビッド・マツモト教授らによる研究です。

アメリカ中西部に住むアメリカ人女性一一九名を対象に、美容品・衛生用品・家事用品・健康用品について、それぞれの商品のコンセプト・使用法・テレビコマーシャルについてインタビューを行い、インタビュー応答時の表情を計測します。その結果、次のことがわかりました。

①計測されたほとんど全ての表情は、弱から中程度の強さであり、部分的な表情であった。
②表情が生じた頻度は、嫌悪、愛想笑い、怒り、軽蔑の順で多く、真の幸福表情が最も少なかった。
③計測された愛想笑いの五分の一では、悲しみ、怒り、恐怖が各々、同時に生じていた。

④発言と表情が、四割ほど一致していなかった。

①は、消費者が抱いている感情が強くないことを意味します。また、部分的な表情であったということは、抑制しきれない感情が顔に漏洩したということです。要するに、商品について大して興味はないものの、若干の感情＝関心は抱いている、という程度なのです。

②と③の愛想笑いは、ネガティブな表情を隠すためであることが推測できます。④の発言と表情が四割一致していないというのは、例えば、一〇回のポジティブな発言の中に、四回はネガティブな表情が表れた、ということです。

このことから、商品に対する本音は、アンケートなどの言葉を使った手法で引き出すことはあまり効果的ではなく、むしろ表情を読み解くことの方が重要だということがわかります。

企業・個々人問わず、日々、営業や接客を重ねる中で、消費者やお客様の感想をデータ化し、将来の営業・接客、商品開発、マーケティングに活かそうと試行錯誤されていることでしょう。しかし、肝心のそのデータの中に本音が反映されていなければ、意味がありません。むしろ表情などの非言語から得られる情報を収集する、新しい方法や視点が必要だと言えるでしょう。

表情は、消費者のニーズを把握する上でとても重要な情報源だと実感しています。

ビジネスで活きるテクニック

営業や商談に臨むとき、「相手の予算はどのくらいだろうか」「提示された予算は本当だろうか」「取引価格以外の交渉事項、例えば、購入量や支払時期などを条件に取引価格を引き上げることが出来るだろうか」等々、考えると思います。買い手の表情を観察することで、買い手の本音を推測することが出来ます。具体的に説明します。

ある商品の売買交渉で、売り手A社は次のように考えているとします。

「弊社が取り扱うある商品の最低卸売り可能価格は、単価二六〇〇円。商談時には、卸売り価格を三〇〇〇円から始めるようにしている。大量購入や継続取引などの条件次第で最大二六〇〇円まで値下げする。しかし、買い手が、初期設定価格の三〇〇〇円で納得していれば、単価三〇〇〇円で卸す」

一方、買い手は次のように考えているとします。

「商品をA社から購入したいと考えている。単価二八〇〇円以下ならば、購入する。同様の商品を扱うB社とは商談済みで、単価二八〇〇円で購入できることがわかっている。なるべく安く購入したい」

以上の条件から、価格交渉が成立する幅を整理します。売り手は、売値が二六〇〇円より下回ったら、売りません。損をするからです。買い手は、買値が二八〇〇円より高くなったら、買いません。損をするからです。代わりにB社から買います。両者にとっての価格交渉ができる幅は、二六〇〇円から二八〇〇円になります。

このように、「価格交渉の幅を両者が知っていれば、適切な交渉を設計できる」と既存の交渉理論は教えます。

まず、売り手の立場になってみて下さい。商品の相場感からある程度、先方の買値の上限がわかることはあり得ますが、ハッキリしていることは稀でしょう。では、どのように買値の上限を推測することが出来るでしょうか。

買い手に「ご予算はいくらですか」と教えてもらうか、あるいは、自社と同様の商品を扱う会社、ここではB社の卸値価格を何らかの方法で調べられれば、買値の上限がわかります。しかし、買い手がその上限を正直に答えてくれるとは限りません。また、B社の卸値価格が調べられないこともあるでしょう。買い手が、B社に価格以外に何らかの付加価値を見出している、という可能性も考えられます。

ここで表情の観察が役立ちます。

あなたはA社の社員で、売買交渉に臨んでいます。あなたの売値の下限は、二六〇〇円。しかし、買値の上限はわかりません。価格は相場感から二六〇〇円~三〇〇〇円の範囲で変動していると予想しています。そこであなたは、利潤を最大にするため、「価格は三〇〇〇円です」と買い手に伝えました。

買い手は、次のように答えます。

「他社さんの価格よりも高いですね。出来ることなら信用の高い御社と取引したいと考えています。もう少し安くなりませんか」

この言葉にはどんな心理が込められているでしょうか。買い手の微表情がヒントとなります。

このとき、買い手が、嫌悪の微表情を浮かべていれば、買値の上限が三〇〇〇円より下と推測できます。そこであなたは値引きに応じます。

「〇〇個以上の購入で単価二七五〇円、でいかがでしょうか？　購入数によってはさらなるお値引きも可能です」

二七五〇円でも買値の上限を超えてしまっているときの予防策として、購入数による値引きもあり得るということを付け加えます。

この価格提示に買い手が、「もう少し単価を抑えられませんか。予算が限られておりまして」と言います。

左の画像を見て下さい。これは、売買交渉実験中、買い手がまさにこのセリフを言い終わった瞬間です。買い手の顔を観てみましょう。口角が引き上げられ、口周りに力が込められているのがわかります。口角が引き上げられる表情から幸福を読みとることが出来ます。口周りに力が込められるのは、表情を抑制しようとする働きです。

そう、買い手の顔を観ると、幸福の微表情を浮かべている。二七五〇円で満足しているものの、それを隠し、さらなる値引き交渉が出来ないかと考えているのです。

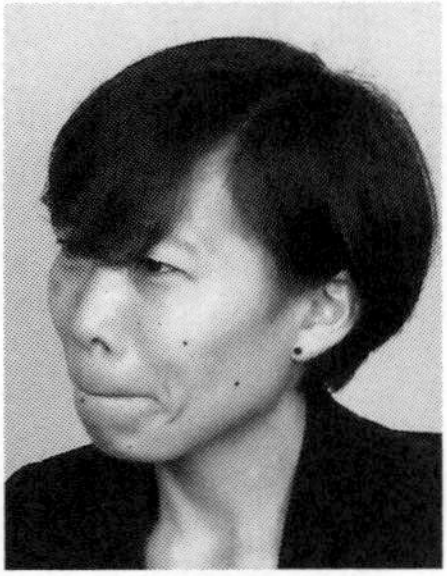

そこで、買い手の立場を推し測り、七五〇円という価格に対し、敢えてさらに値引きしてみせます。
「ここからさらに特別に値引きさせて頂きたく存じます。今回の取引を機に、B社様と末永い関係を結べれば幸いです」

買い手が二七五〇円で満足しているところ、さらに値引きをして、満足を倍増してもらうのです。買い手に譲歩することで、双方で継続的かつ安定的に利潤を得ていきましょう、というメッセージを伝えるのです。

表情を正確に読む能力が高い売り手ほど、売買交渉において商品を高く売ることが出来るというのは、科学実験から証明されている事実です。今後、営業や商談などの交渉事に臨む際、ぜひ相手の表情や感情の流れに注意してみて下さい。交渉相手の隠された意図が、微表情やその他サインから生じるかも知れません。

接待で相手の苦手なものをススメてしまう人

著者は仕事柄、接待を受けることも主催することもよくあります。著者が主催の場合、接待で使うお店やコース料理を決める際は、まず相手の好みを把握するようにします。しかし、どんなに事前調査を怠らなかったとしても、相手の嫌いな食べ物が出てきてしまったり、食物の鮮度、あるいは調理法の問題で、相手の好みの食べ物だとしても満足頂けていない様子を察することがあります。

「察する」という言葉を使いました。それは、接待相手が好みに合わない食べ物に対し、「美味しくない」とハッキリ感想を言われることは稀だからです。多少美味しくなくても、否、不味いと感じていても、「大変、美味しいです」と言う。そして、本当に美味しいと感じていても、「大変、美味しいです」と言うものです。

ですので、この言葉を真に受けるわけにはいきません。著者自身も例に洩れず、接待の席ではいつでも「美味しいです」と言います。取引先の方から接待を受けたときのことです。事前に食べ物の好き嫌いを聞かれたので、返答しました。後から「あ、牛タンが嫌いなの伝え忘れていたな」と思いましたが、まぁ大丈夫だろう、と思っていました。

そんな折、連れて行って頂いたお店は、なんと牛タン専門店。牛タンメインのお店で牛タンを食べないわけにはいきません。勧められるままに牛タン料理を食べ、やっぱりこの風味苦手だな、と思いながらも感想を求められ、半笑いで「大変美味しいです」……。

なんとかその日は乗り切ったのですが、時を経て、また同じ相手から接待を受ける機会がありました。連れて行って頂いたお店は、別の牛タン専門店。

「清水さん、牛タンお好きだとおっしゃってましたよね。ですので、今度は、前回とは異なる趣向の牛タンのお店にお連れしたくて」

もちろんその方の気遣いは、大変嬉しいです。大変有難く感じます（ちなみに、著者は、前のお店で牛タンを食べ、「美味しい」とは言いましたが、「好き」とは言っていません）。しかし、複雑な気分でした。

どうすれば、接待相手の好き嫌いがわかるでしょうか。次ページの写真を見て下さい。A、Bは、美味しい飲み物を飲んでいるとき、あるいは、不味い飲み物を飲んでいるときの表情の変化を捉えたものです。この人物は、美味しいか、不味いかに関わらず、飲み物を飲み干してから「凄く美味しいです」と感想を述べています。矢印は、飲んだ直後から、「美味しい」と言うまでの経過を示しています。

本当に美味しいと感じているのはどちらでしょうか。

そう、ちゃんと顔に書いてあります。Aが不味い、Bが美味しいと感じたときです。**Aでは、口角が引き下げられ、下唇は引き上げられるネガティブな表情をしています**。その後、笑顔に移行しています。Bでは、眉が引き上げられ、目が見開き、唇はプレスされつつやや

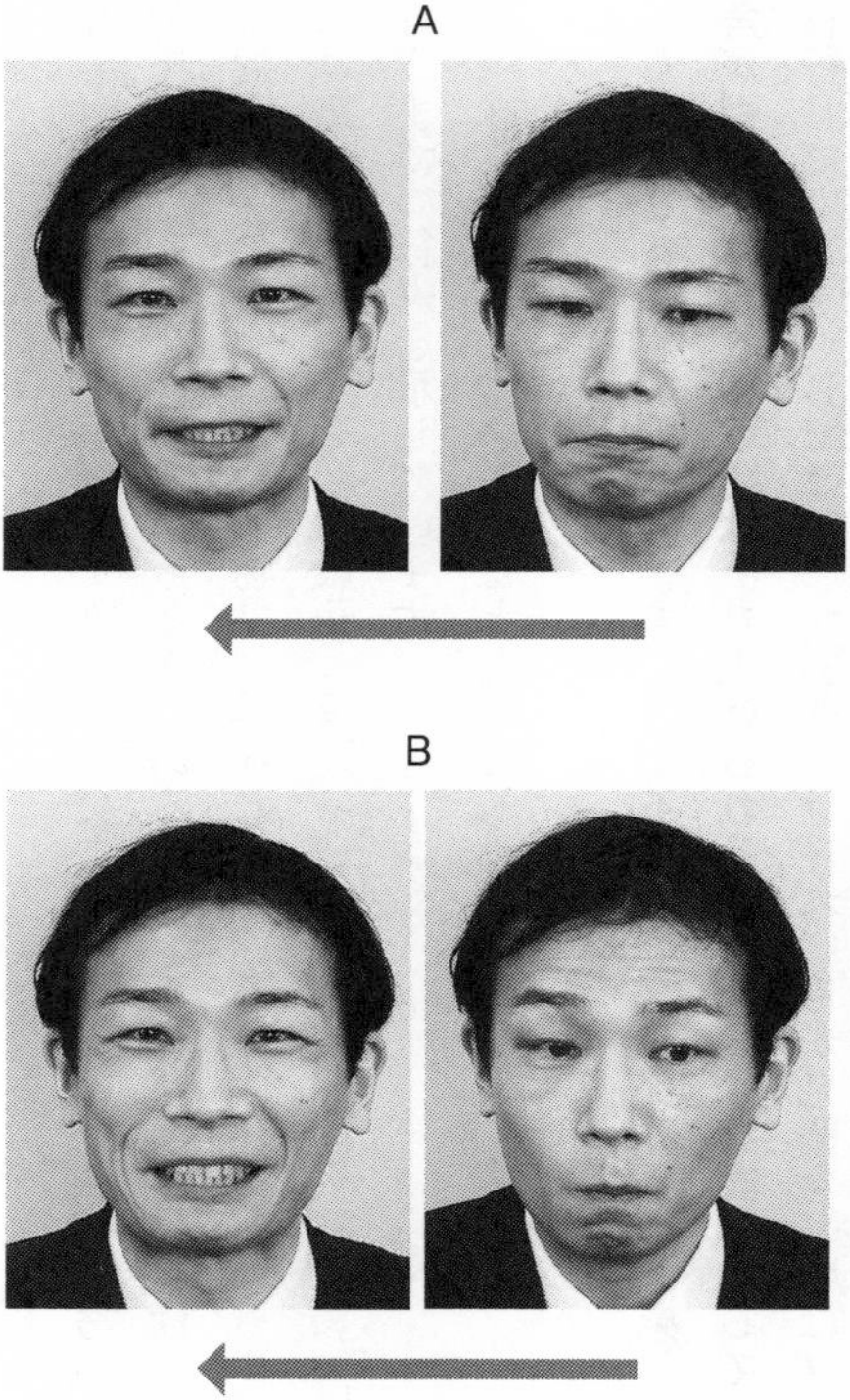

すぼめられています。その後、Aと同じく笑顔に移行しています。

AとBの笑顔の強度を比べても違いがわかります。A、Bともに口角は引き上げられていますが、Bでは、目尻にしわが生じているのがわかります。Aにはありません。**目尻のしわは、真の幸福感情がある可能性が高いことを示します。**

このように接待相手の表情をよく見比べることで、相手の好き嫌いがわかり、接待の満足度を上げることが出来るでしょう。

ところで、二回目の牛タン専門店の後日談があります。そこの牛タン、食べざるを得ず、頂いたんですね。そうしたら、絶品だったんです。嫌いな食べ物でも、店によって全然異なるのだという驚きを体験した出来事でした。

美味しい表情は無表情⁉

「あなたは／きみは、料理を全然美味しそうに食べてくれない」

そんなキッカケで夫婦喧嘩になってしまうということを多々耳にします。「料理の食材と料理を作ってくれる人に感謝の気持ちを忘れてはいけないな」と思いつつも、擁護したくなる面もあります。それは、人間の基本的な反応として、**不味い味に対しては嫌悪などのネガティブな表情が生じ、美味しい味に対しては中立表情（真顔）が生じる傾向にある**からです。

味覚と表情の関係を調べた先行研究によると、甘味・酸味・塩味・苦味・うま味の基本味五種に対する表情は、乳幼児から成人に至るまでそれほど変化せず、文化的な影響も受けないことがわかっています。概ね、甘味に対しては、幸福を表す表情が生じ、苦味・塩味・酸味に対しては、怒り・嫌悪・驚きを表す表情が生じ、うま味に対しては、中立表情あるいは何らかの弱い表情が生じることがわかっています。

また、嫌いと感じる味に対しては、嫌悪・怒り表情が生じる傾向にあり、好きと感じる味に対しては、概ね、中立表情、ときに幸福表情が生じる傾向にあることがわかっています。

なぜ、嫌いな味に対する表情は顕著である一方で、好きな味に対する表情は曖昧なのでしょうか。それは自身と、自身と協力関係にある他者が、より長く健康に生き残れるか否かに関係しています。

口に入れた食物の味が不味いと感じるとき、私たちの身体は、その食物が腐っていたり、有害なものが混入していると考え、嫌悪や怒り表情で反応するのです。嫌悪や怒り表情は、これ以上、食物を摂取することへの警告として機能し、特に嫌悪表情は、食物を吐き出しやすくしてくれる。「この食物を食べたら危険かもよ」という周りへのメッセージとしても機能します。

一方、美味しいものを食べているとき、私たちの身体は、美味しく栄養価がある食物を摂取していることを隠すために、中立表情を保とうとします。表情を示さないことで栄養を独占し、長く生き残る可能性を高めることが出来るのです。

ですから、折角、作った料理を無言・無表情で黙々と食べている相手を見たら、一人占めしたいくらい美味しいんだな、とまでは思えずとも、好きな味で安心しているからこそ何の変化もないのだな、と広い心で受け止めてあげて下さい。一方、食べている方は、ニッコリと笑い、「いつもご飯をありがとう。美味しいよ」と伝えるとよいでしょう。

「自分は良いことを言った！」と思っているときが一番キケン！

某大企業に所属する会社員から、「私には交渉力があるんですよね。だから私は起業しても絶対、上手くやる自信がある」という言葉を聞いたとき、「それは、あなたに交渉力があるのではなく、会社の看板のおかげでしょう」とツッコミたくなったことがあります。なぜなら、著者からみてその人物の交渉力は至って普通。ですが、その彼が所属する企業は、国内外にブランド名を浸透させている老舗で、商品に対するステータスや信頼を確立している事実があります。

また、某キー局のテレビディレクターが、「私のコミュニケーションセミナーは、比類なきもので局内の部下たちに絶賛されている」と著者に何度も言うので、その社内向けのセミナーを受講させてもらったことがあります。セミナー受講後、「キー局のディレクターという肩書きは、これほどまでに人を裸の王様にしてしまい、周りを沈黙させてしまうのか」と思ったことがあります。なぜなら、そのセミナー、至極凡庸な内容だったのです。「会話はキャッチボール」「コミュニケーションにおいて言葉は七パーセントの力しかない」「笑顔が大切」……等々。絶賛ポイントがわかりませんでした。

自らの実力を過大視してしまう。心理学的に様々な説明が可能ですが、ひとえに、周りの方からのフィードバックを適切に受けていないことに起因すると考えられます。

主従関係を含め、立場や地位の違いと感情表現には、次のような傾向があります。地位の区別があまり明確でない文化圏（例えば、アメリカ）に比べ、地位の区別が明確な文化圏、例えば、ここ日本では、地位の低い者が高い者に対して、ネガティブな感情を向けることは憚られます。上位の者にネガティブな感情を向けることは、主従関係の調和を乱す恐れがあるからです。逆に、ポジティブな感情——繕ったものであるにせよ——を向けることは推奨されます。ポジティブな感情は、調和を保つことにつながります。また、敬意を示したり、歓心を買うことにもなります。

一方、地位の高い者が低い者に対して、ネガティブな感情を向けることはタブーではありません。自分自身の地位の高さを誇示するのに役立つからです。このような暗黙的な表現に関わるルールは、**表示規則**と呼ばれています。

先ほどの二名は、大企業と取引先、局内のディレクターと部下、という関係において、全て立場が上です。彼（女）らが自画自賛するとき、取引先、部下らは、ストレートに感情を示すでしょうか。正直にものを言うでしょうか。**ネガティブな感情や感想があったとしても、その本音は表示規則に隠されてしまう**と考えられます。

「自分は良いことを言った！」「自分は凄い」と思っているとき、そして、相手がそれに同調してくれるとき、その同調は、本音でしょうか。それとも、相手との立場の違いからそう見せているだけでしょうか。冷静に見極める必要があります。

「自分は高い地位にいないから関係ない」「常に人とは対等な目線で接しているから関係ない」と思っている方も要注意。日本人を含めアジア的な価値観のもとでは、地位の違いだけでなく、集団の調和にも敏感です。集団の調和を乱さないようにネガティブな想いがあっても、ポジティブに振る舞う傾向にあるのです。自分に自信があるときこそ、勢いのまま突き進むのではなく、相手がどう思っているか、慎重になる必要があると思います。

部下からの突然の退職願。「大丈夫です！」は要注意

- やる気のあった部下のパフォーマンスが突然、低下
- 信頼していたプロジェクトのメンバーが突然、「プロジェクトを抜けたい」と言い出した
- 優秀な部下が突然、退職したいと言い出した！
- 仕事を何でもバリバリこなしていた部下が突然、心の病に……

仕事が「突然」出来なくなる、仕事から「突然」離脱する、会社を「突然」辞める……これ全部、「突然」ではありません。私たちは、「○○を達成しよう」と目的を持ったとき、それに向かい、自身を奮い立たせ、日々、努力や工夫を重ねます。多少の障害があっても、それを乗り越えたり、回避したりし、目的に邁進する強さを持っています。しかし、それが自分の力ではどうにもならないと感じるとき、心を守るために活動を停止するのです。それが傍から見ると「突然」に見えるだけです。本人の心の中では、活動を停止するまでの過程で

様々なフラストレーションやわだかまりが生じているのです。よくよく観察していれば、その「突然」が起きる前に警告サインが何度も発せられていた可能性があります。

部下・同僚・上司間に、事あるごとに相談出来るような時間的・精神的余裕があれば、こうした前兆に気づくことができたかも知れません。しかし、部下・同僚からすれば、「こんなこと上司・同僚に相談していいのかな?」と躊躇してしまい、結局、「突然」が起きるまで溜め込んでしまうのです。上司からすれば、「そんな大きな決断をする前に、そんな大きな問題に発展してしまう前に、一言、相談してくれたらよかったのに」と思う方もいるでしょう。

それでは、どうすれば部下や同僚の本当の気持ちを理解することが出来るでしょうか。何に注目すべきかは、コミュニケーションが行われる状況や、抱える問題によって変わります。発せられている言葉と動作が一致しているか否か、不自然な表情は生じていないか。部下に「大丈夫か?」と声をかける。すると部下は「大丈夫です。自分はストレスに強い方です」と応える。しかし、その言葉に具体性が伴っているか等々に気を配る必要があるでしょう。

ここでは、心にわだかまりが生じている、心が弱っている状態を察するためのポイントを説明したいと思います。それは、怒り・嫌悪の表情、左右非対称の表情、鼻から上が動かない表情です。

自身が属する集団にいる人々の怒り・嫌悪の表情・微表情を読みとれるか否かは、その集団に上手く馴染むことが出来ているか否かに関わっています。怒りや嫌悪の表情・微表情は、私たちの大切にしたい価値観を反映しているからです。怒り感情は、不正義や目的達成を邪魔する障害が原因になって引き起こされます。嫌悪感情は、不快なヒト・モノ・言動が原因になって引き起こされます。コミュニケーションをする中で部下や同僚がどんな場面で怒りや嫌悪を感じているかを知ることで、相手の価値観がわかります。相手が不快になることはしない、あるいは、どのように伝えれば、相手の価値観と共存できるかを考えるきっかけとなるでしょう。

特に、部下や同僚の意見を批判する必要があるとき、彼(女)らの表情をよく観てみましょう。怒りや嫌悪が浮かんでいたら、価値観を害されたと感じている可能性があります。彼(女)らの言い分をよく聞き、それでも批判が必要ならば、彼(女)らの見解を理解したことを示した上で、言うべきことを伝えるとよいでしょう。価値観に関わることがなおざりにされてしまうことが続けば、その環境・集団で自分らしく仕事し続けることは難しいでしょう。そのうち辞めてしまいます。

左右非対称の表情は、本心が顔に表れるのを防ごうとするがゆえに表れる表情。端的に言えば、感情がコントロールされているときの表情です。脳の中で本当の感情とそれを出すまいとする制御機能が混線すると、表情筋が左右非対称に動くのです。部下が健康状態や未来の話をしているときに、左右非対称な表情で「大丈夫です！」「プロジェクトは、計画通り問題なく進んでいます」といった発言をしていたら、本心とは裏腹のことを言っている可能性があります。

鼻から上が動かない表情は、メッセージを伝える・受け止める意志の弱い、感情が死んでいるときの特徴です。会話をするとき、普通、私たちの眉は動くものです。眉を上げて、話している語彙やフレーズを強調したり、眉を下げ、不同意を示したりします。メッセージを伝えたり、受け止めたりするとき、私たちは、意識・無意識問わず、眉を動かすのです。しかし、それがないということは、そうした意志が弱まっていることを意味します。感情が死んでしまっている場合すら考えられます。部下・同僚の顔に表情がないとき、口は動くが眉は動かない、そんな表情を見たとき、その部下・同僚の心は弱っている可能性があります。

自分を大きく見せるウソ――そこまで行ったら詐欺です

昔、予備校でアルバイトをしていたとき、著者はそこの教室長の方からこんな話を聞きました。その予備校には、チューターと言って、生徒さんから学習科目に関する質問に答えたり、進路相談を受けたり、レベルに合った講座選択の相談を受けたり、各種お知らせを周知したり、教室の環境を整えたりする役割を担う新卒の男性社員がいたそうです。上智大学の外国語学部を卒業した秀才です。

その社員が入社して二ヶ月程経過した頃、生徒さんから苦情が寄せられました。

「あのチューターさん、質問に全然答えられないんですけど」

一人や二人ではなく、何人もの生徒さんから似たような苦情が寄せられたのです。

また、入社後に卒業証明書の提出が求められているのですが、「ちょっと時間がかかってしまって」と言い、なかなか提出して来ません。

本当に上智を卒業したのかな？

疑問は徐々に深まります。度々、卒業証明書を催促しても何かにつけて提出してきません。

そのまま二ヶ月程が経過したある日。彼は来なくなったそうです。一度も卒業証明書を持って来ることなく。

彼が上智を卒業していたのか、そもそも在籍していたのか、疑問符が付くところですが、真相は闇です。ところで、面接官は入社面接のとき、彼の言動から怪しさを感じなかったのでしょうか。感じなかったからこそ内定を出しているわけですので、平たく言えば、彼の、おそらくウソ、を見抜けなかったのでしょう。

卒業証明書のように物的証拠から人物の履歴や能力を把握することが出来れば、話は簡単ですが、そうした証拠がない事柄について人物を評価するには、その人物の言動から見極めるしかありません。その人物の言葉がどれだけ真に迫っているか、表情はどうか、声色はどうか、どんな姿勢か……等々。

就職活動生に限らず、私たちは多かれ少なかれ自分を飾ります。著者が所属する講師・コンサル業界は、その典型かも知れません。自分という商品を高く買ってもらうために出来るだけ自分を綺麗に、大きく見せようとします。そのこと自体は悪いことだとは思いません。商品価値を高めるための努力であり、工夫であり、自己プロデュース戦略です。その軸が事実に基づく限り。

しかし、それが完全なウソ、そこまで行かなくても相手から明らかに誤解を招くような装飾であれば、問題です。著者が実際に目にした、過ぎた装飾、あるいはウソは、経歴に関するものが多いように思います。例えば、海外の大学で夏期休業中などに実施される短期プログラムを受講し修了しただけの者のプロフィールに「○○大学卒業」「○○大学○○学科留学」と書かれていたり、大学の客員講師であるにも関わらず、「客員教授」と書かれていたり。また、一度だけセミナーや打ち合わせをしただけで、社員研修・コンサルの実績としてプロフィール欄にデカデカと書いてある例も知っています。

面白いというか、あきれてしまった実例としては、宣伝用に使う自身の写真の背景がウソだったことがあります。ビジネス交流会で、「自分はこんな宣材写真を使っている」と、ある講師が自身の宣伝用写真を皆に見せていました。自信ある様子で腕を腰に当て、笑顔で写っている写真でした。背景に目を移すと、本棚があり、膨大な書籍が並べられています。「へぇ～この本、全て読んだのですか！」という驚きの声とともに誰かが尋ねました。その講師は、「もちろん！　ほとんど読みました。ただ、まだ読みかけのものもありますし、サラッと斜め読みしたものもありますけどね」と答えていました。背景に膨大な書籍を並べることで、知性をアピールしたかったのだと思います。

その「本棚」。実は本棚風の壁紙だったのです。写真に違和感を抱いた著者が、その講師に一応気遣い、コッソリと確認しました。「それ壁紙ですよね？」と。すると悪びれる様子もなく、「バレました？　演出ですよ、演出」。こうした演出が効いてか、結構、その講師の自己演出セミナー、売れているようです。

自分を大きく見せるウソ。着飾りのウソと言います。身近にあるウソですが、度を過ぎれば詐欺です。口八丁の人に騙され、大切な時間やお金、人を失わないように、ウソや心理を見抜く術を磨きましょう。

採用面接でコミュニケーション能力を見抜く

新卒の学生さんを面接する際、「コミュニケーション能力を重視している」と多くの採用面接官の方から伺います。どんな方法でコミュニケーション能力を把握しているのか尋ねると、答えはみなさん、様々です。

ただ、「その把握の仕方は、学生さんの話が面接官の趣味に合うか合わないかを観ているだけで、コミュニケーション能力とは違うのでは？」と思うことがあります。確かに学生さんも面接官もそれぞれ個性があり、個々に興味のあることが異なるため、盛り上がる話もあれば、そうでない話もあるでしょう。しかし、面接官の役目は、学生さんと面接官個人の相性ではなく、学生さんと会社との相性を見極めることです。

話の内容に依存せず、コミュニケーション能力を見極めるお手軽な方法があります。それは、学生さんが志望動機や自分の長所や短所を話しているときに、眉間に力を入れた表情を学生さんに向ける、という方法です。

眉間に力を入れるとは、眉を中央に引き寄せながら下げた表情のことです。

この表情は熟考を意味します。「熟考しなければいけないほど話の内容が難しい」「あなたの話と私の頭の中の情報を組み合わせているが、まだその作業が完了していない」「よくわからないので質問したい」。そんな意味です。

熟考

眉間のしわを通じてこうしたメッセージを送った場合、学生さんの反応には次のようなパターンがあるでしょう。

コミュニケーション能力が高い学生さんは、そもそも説明の仕方が明瞭であったり、話の構成が上手かったりということもありますが、同時に相手の様子をよく観ながら、相手がどんな説明を欲しているのか、どんなところで疑問を抱いているのかを把握し、会話を調整しようとします。

具体的には、面接官の眉間に力が入っていることに気づけば、話すスピードを下げたり、間を置いたり、「ここまでで何か不明瞭な点はございますか?」などと尋ねてくれます。

コミュニケーション能力の低い学生さんならば、暗記してきたこと（志望動機や学生時代に力を入れてきたこと）を忘れないうちに吐き出すことが先決になり、あるいは、答えに窮する質問に何とか答えようと四苦八苦し、面接官の眉間のしわを観るどころか、視点が定まらなかったり、中には目を閉じてしまって、自分のペースのまま話し続けたりします。

この「眉を下げて相手の発話の変化を観る」というテクニックは面接だけでなく、様々な対人場面でも利用することが出来ます。例えば、著者は仕事のオファーを受けるか受けないか、ある営業担当から勧められた商品を買うか買わないか等を判断する一つの材料として利用しています。

話をしていて、「何かこの人、話の間合いがおかしい」と感じることがあります。そんなとき、適当なタイミングを計り、意識して眉間に力を入れながら相手の話を聞きます。最初はさりげなく、それでも気づかれなければ、相手の方をじっと見ながら明確に。相手がこちらの異変に気付き、話の間を変えたり、話の主導権をこちらに譲ってくれるようなリアクションがあれば、「あ、良かった。この人とはまともなコミュニケーションがとれそうだ」と思います。

相手がこちらの異変に気付かず、著者の聞きたいポイントや欲しいポイント、理解不能なポイントを理解せず、一方的に話し続けてしまう。そんなとき「あ、なんだ、この人は口では『御社の経営改善に』とか『御社の売り上げ向上に』とか言っているけど、こちらへの意識はゼロだな」と思ってしまいます。

仕事を受ける前の段階や購入商品をこれから吟味するという段階で、相手のコミュニケーション力に疑問を感じると、次の段階に歩を進めることが猛烈に心配になります。著者が納品する成果物の完成イメージに乖離や誤解が生じるのではないか、営業担当の押し売りが始まるのではないか、そんな不安が脳裏に浮かぶのです。このような場合、仕事のオファーを断る、商品を買わない、営業担当を変えてもらう、大抵そんな結果となります。

感情認識ＡＩの落とし穴

「怒りを感じると購買力が高まるんですかね」

表情から感情を認識するアプリを開発・販売・運用する会社の社員さんと情報交換をしていたときのことです。ある実店舗で接客を受けているお客様の表情を、感情認識ＡＩが搭載されたアプリで計測し、表示された感情と購買の関係を調べていたそうです。そうしたところ、怒りと購買に関係があることをデータは示していたというのです。

そう聞いて、実際に計測する様子の動画を見せてもらいました。お客様の表情は、眉が中央に寄りながら引き下げられ、唇が上下からプレスされる動きをしていました。

「やはり……怒りと熟考を混合しているな」

いくつかの表情筋は、一つのみならず複数の意味を持っていることがあります。眉が中央に寄りながら引き下げられ、唇が上下からプレスされる表情は、怒っているときだけでなく、熟考しているときにも生じる表情です。怒りなのか熟考なのかは、関連する表情筋の数や表出時間、状況によって推測・判断することが出来ます。

表情分析の専門資格を保持し、何千人もの表情を視認で分析してきた著者の経験から言えば、そのお客様の表情は、明らかに怒りではなく、熟考でした。

ではなぜ、その感情認識AIは、熟考を怒りと誤認識してしまったのでしょうか。それは、AIの採用する表情の分類方法――AIの問題――と、表情と感情に関する認識不足――運用する人間の問題――にあると考えられます。そのAIは、計測した個々の表情筋の動きを六つの感情――幸福・嫌悪・怒り・悲しみ・驚き・恐怖――のどれかに分類し、表示する方式を採用していました。例えば、怒りを構成する表情は、次の四つです。

①眉が中央に寄りながら引き下げられる
②上まぶたが引き上げられる
③下まぶたに力が込められる
④唇が上下からプレスされる／唇に力が入れられながら口が開かれる

計測した表情にこれら四つが含まれれば、怒り感情を抱いている確率が一〇〇パーセント、三つならば七五パーセントという具合です。今回のケースで言えば、①と④ですので、怒りである確率は五〇パーセントと表示されます。

このとき①と④の動きが、熟考にも生じることを知っていれば、「表示された感情確率の数値が五〇パーセント以下のときは、熟考の可能性も考えよう」となり、表示された数値を真に受けずに済みます。

感情と表情の関係を正しく知らないために、感情認識ＡＩが算出した数値やラベルを絶対視し、現実のコミュニケーションでは考えられないような解釈をしてしまうのです。

こういったアプリを開発している方には、本書を通じて感情と表情の仕組みを学び、適切に感情認識ＡＩを使いこなせるようになって頂ければと思います。[*1]

＊１　その他にも、感情や表情について理論ではなく、経験に頼って感情認識ＡＩを開発し、商品化している開発者に会ったことがあります。その開発者によれば、心から生じる幸福表情は、三秒以内なのだそうです。それ以上の幸福表情は、作られた、ニセモノの幸福表情と分類している、と話していました。全くの不勉強です。心から生じる幸福表情は、〇・五～五秒生じるという検証結果は、表情理論の基礎的な知見であり、また、刺激が連続して起これば、反応としての幸福表情は五秒以上続きます（連続して、面白いギャグを聞いている場面をご想像下さい）。まだまだ玉石混交状態の感情認識ＡＩアプリ。お気をつけて。

コラム5 犬とのコミュニケーション

飼い犬のまなざしや動きを観ていると、何となく彼女——著者はかつてメスの黒パグやシーズー犬を飼っていました——の気持ちがわかるような気がします。その気持ちを汲み、餌をあげたり、撫でたり、抱きしめたり、遊んだりするわけです。上手く彼女の気持ちを汲むことが出来れば仲良くなれるわけですが、気持ちが汲めず、うなられてしまうこともあります。

著者が彼女の気持ちを読んでいる一方、彼女も著者の気持ちを読み、互いに距離を測り合っている。どうすれば、もっとその距離を短く出来るでしょうか。私たちヒトと、犬の非言語コミュニケーションについて、科学知見がヒントを教えてくれます。

- 犬のアイコンタクトは、犬が助けを求めているシグナルです。これはヒトと犬とのコミュニケーション特有の現象。犬同士のコミュニケーションにおいては、アイコンタクトは敵意を意味します。

・ヒトが犬に視線を向けているとき、犬が舌を出す動き、あるいは（人で言うところの）眉の内側を引き上げる動きを見せた場合は、犬が自分に注目して欲しいと思っているシグナルです。特に、眉の内側を引き上げる動きは、悲しみ・困惑表情に見えるため、ヒトの助けたいという欲求を刺激する。保護施設に収容されている犬の中で、眉の内側を引き上げる表情をする犬は、新たな飼い主が早く見つかる、という研究結果などもあります。

・犬は、知らない対象に近づくか、あるいは離れるかの意思決定を、飼い主の表情を観て判断します。飼い主が幸福表情ならば、その対象に接近し、飼い主が恐怖か嫌悪表情ならば、その対象から距離をとります。

・犬が自身の口をなめるとき、それはストレスシグナルです。特に、人間のネガティブな表情を観ている犬は、口をなめる動きが増えることが知られています。

他にも、犬同士のコミュニケーションでは、立ち上がったり、全身の筋肉を緊張させたり、毛を逆立てたりして身体を大きく見せる動きがあります。これは、警告や自信、脅威のシグナルです。耳を平らにし、尻尾を丸め、身体を小さく見せる動きは、対立を回避しようとするシグナル。また、尻尾を右に揺らすのはポジティブ、左に揺らすのはネガティブな状態にいることを表しています。

犬と接する際は、ぜひここで紹介したことを意識してみて下さい。犬との距離をグッと縮められるかも知れません。

おわりに

ウソとは、事前に通告することなく、相手に誤った情報を意図的に与える行為のことを言います。テレビドラマで端正な顔立ちの役者が物理学者を演じています。その役者が、番組宣伝のためクイズ番組にゲスト出演し、簡単な物理に関する問題に間違えたとします。

「この役者はウソつきだ！」

とは、誰も思わないでしょう。「役者の仕事は役を演じること」という共有知識が、「ドラマの中の物理学者が持つ知識やスキルを現実の役者は持っていない」ことを事前に通告してくれるからです。至って単純な話です。では、次の二つの例はいかがでしょうか。

お父さんが週末に子どもと遊園地に行く約束をします。遊園地に行く前日、仕事でトラブルが起こり、休日出勤に。遊園地に行けなくなってしまったことを子どもに詫びます。

「お父さんのウソつき！」

こうした言葉を聞く度に罪悪感に苛まれるお父さんがいるかも知れません。しかし、お父さんはウソつきではありません。子どもに誤った情報を意図的に与えてはいないからです。仕事のトラブルが発生する直前まで、お父さんは子どもと遊園地に行くつもりだったのですから。

取調室で時々生じる事実とは異なった証言。交通事故の目撃者が、「黒い車が猛スピードで走り去って行きました」と証言。捜査の結果、車の色は、黒ではなく青でした。目撃者がその車を見た時間は夜で、街灯の明かりが当たる角度によって、青い車は黒く見えることがわかりました。目撃者の証言は、事実とは異なりますが、ウソではありません。誤った情報を意図的に与えようとしたわけではありません。これは、誤認識です。

この二つの例のように、一見ウソに思えるようなことでも、ウソではないことが多々あります。ですので、相手の意図を理解しようとすることが重要なのです。そうすれば、むやみに人をウソつき呼ばわりせずに済み、人間関係を円滑に保つことが出来ます。

また、相手がウソをついていたことがわかったとしても、ウソに込められた意図に想いを馳せることも重要です。そのウソは利己的なものではなく、誰かを守るためのウソかも知れません。利己的なウソだったとしても、ウソをつかざるを得ない状況に苦しめられているのかも知れません。ウソを見抜いて終わりではなく、ウソを見抜いたうえでの付き合いというものもあるでしょう。

さて、ウソをつかざるを得ない状況と書きましたが、逆に言うとそうした状況を無くしてしまえば、人はウソをつく必要がありません。それは達成困難なノルマの見直しかも知れませんし、ウソが常態化した人間関係の解消かも知れません。はたまた、ルール違反に対する罰の与え方に関係するのかも知れません。個別状況に対する対策は様々にあるでしょう。最後に、広い文脈で活用できる「ウソをつかせない環境作り」について紹介したいと思います。

環境を整えることによって、悪いことをしなくなる。悪いことをしなくなることによって、ウソをつく必要がなくなる。適切な環境を端《つま》に、こうした流れを生み出すことが出来ます。悪いことを誘因しないためには、どんな環境が必要でしょうか。感情のメカニズムを利用した、使い勝手のよい方法が二つあります。

一つは、犯罪や不正が起きそうなところに顔や目のイラストが描かれたシール、あるいは、写真を貼っておくという方法です。痴漢や盗撮が起きそうな場所、より身近な例で言えば、オフィスにある集金箱式のコーヒーメーカーの横などです。顔や目のイラストが描かれたシールや写真だけでなく、警告文「みんなが見てるぞ！」や説明文「ここにお金を入れて下さい」もあるとよいでしょう。

人の認識システムには、顔や目に反応するニューロンがあります。顔や目があることによって、それが偽物（イラストなど）であっても、見られているという意識が働く。見られることにより、悪事やごまかしをすることに躊躇するのです。

似たような方法として、宗教心が高い国では、宗教の戒律や関連するイラストを不正が起きそうなところに貼ることで、宗教心が喚起され、不正を減らすことができる、そんな話を聞いたことがあります。

もう一つの方法は、体と生活圏を清潔に保つ。例えば、手が汚れたらすぐに石鹸で洗う、汗臭かったらシャワーを浴びる、家やオフィスの清掃をしっかりし、綺麗な状態を保つこと等です。

私たちは、嫌悪感を抱くとズルをしてしまう傾向を持っています。教室ならば、カンニングをする、職場ならば、同僚より休憩を多くとる、チーム作業の貢献度を実際より多く申告する、同僚の功績を自分の功績だとウソをつく。オフィスの備品を盗む。裏付けのないデータを裏付けがあるかのように言ってしまう、学歴を詐称する、水増し請求する、脱税する……だんだん犯罪になってきました。

嫌悪感を抱き、ズルをする心性になったとしても、体を清潔にすることでその心性を払拭させることが出来ると、科学は教えてくれます。

嫌悪感がズルを引き起こす可能性を高めるため、体と生活圏を清潔に保つ以外でも、嫌悪を払拭、あるいは、抱きにくくすればよいのです。例えば、生活圏に綺麗なお花や風景の写真を飾ったり、心地よいアロマを焚くのもよいかも知れません。

顔や目のシールを貼る、体と生活圏を清潔に保つ。特に後者の方法は、不正が減少するだけでなく、家庭や職場も綺麗になる、一石二鳥の方法です。環境を整えることは、身と心を整えることに通じるのです。

ウソをつかせない、ウソをつきたくなるような状況や環境を生み出さない。それでも、相手に違和感を抱いたなら、本書を手引きに注意深く観察してみて下さい。「ウソではなかった」と安堵するかも知れないし、とんでもないウソ／真実の発見に至るかも知れません。はたまた、ウソの裏に隠された想いに、人間心理の蘊奥《うんのう》を目にすることになるかも知れません。

最後に感謝の言葉を書かせて下さい。弊社設立のきっかけを下さり、日頃より心配りを頂いている株式会社 Indigo Blue 代表取締役会長の柴田励司様ならびに代表取締役社長の寺川尚人様に感謝申し上げます。そして、科学知見を実践知に変えるような発想やアイディア、リアルなケーススタディーを提供して下さる全ての受講生・研修生に感謝申し上げます。また、微表情の科学を積極的に商品開発に取り入れ、応用研究する機会を与えて下さる全ての顧客・研究者に感謝申し上げます。さらに、弊社設立間もない頃よりアンテナ鋭く声をかけて下さり、微表情の活用の幅と信頼性を広げて下さる警察官、検察官、防衛省の方々に感謝申し上げます。著者の知見と分析が日本国の安全・安心に貢献できることを心より嬉しく思っています。最後に、著者の文章を読みやすく、内容が魅力的になるように丁寧なアドバイスを下さった中央公論新社書籍編集局の塚本雄樹様に感謝申し上げます。塚本様の企画のおかげで、ウソと心理の推測法の最新アップデート版を世に出すことが出来ました。

二〇二一年一二月　自宅の書斎にて

清水建二

806.

コラム5

Siniscalchi, M., D'Ingeo, S., Minunno, M., & Quaranta, A. (2018). Communication in Dogs. *Animals : an open access journal from MDPI, 8*(8), 131. doi: 10.3390/ani8080131

Kaminski, J., Waller, B. M., Diogo, R., Hartstone-Rose, A., & Burrows, A. M. (2019). Evolution of facial muscle anatomy in dogs. *Proceedings of the National Academy of Sciences of the United States of America, 116*, 14677 - 14681.

おわりに

Bateson M., Nettle D., & Roberts, G. (2006). Cues of being watched enhance cooperation in a real-world setting. *Biology Letters, 2:* 412-414. doi:10.1098/rsbl.2006.0509. PubMed: 17148417.

Ekman, P. (1985). *Telling lies: Clues to deceit in the marketplace, politics, and marriage*. New York: Norton.

Winterich, K. P., Mittal, V., & Morales, A. C. (2014). Protect thyself: How affective self-protection increases self-interested, unethical behavior. *Organizational Behavior and Human Decision Processes, 125* (2), 151-161. doi: 10. 1016/j.obhdp.2014.07.004

7, 1-9.

de Wijk, R. A., He, W., Mensink, M. G. J., Verhoven, R. H. G., de Graaf, C. (2014). ANS Responses and Facial Expressions Differentiate between the Taste of Commercial Breakfast Drinks. *PLoS ONE, 9 (4)*: e93823. doi:10.1371/journal.pone.0093823

Carrère, S., Buehlman, K. T., Gottman, J. M., Coan, J. A., & Ruckstuhl, L. (2000). Predicting marital stability and divorce in newlywed couples. *Journal of Family Psychology, 14 (1)*: 42-58.

Elfenbein, H. A., Foo, M. D., White, J. B., Tan, H. H., & Aik, V. C. (2007). Reading your counterpart: The benefit of emotion recognition accuracy for effectiveness in negotiation. *Journal of Nonverbal Behavior, 31*, 205-223.

Greimel, E., Macht, M., Krumhuber, E., & Ellgring, H. (2006). Facial and affective reactions to tastes and their modulation by sadness and joy. *Physiology & Behaviour, 89*, 261-269.

Rosenstein, D., & Oster, H. (1997). Differential facial responses to four basic tastes in newborns. In P. Ekman & E. Rosenberg (Eds.), *What the face reveals - Basic and applied studies of spontaneous expression using the facial action coding system (FACS)* (pp. 302-327). New York: Oxford University Press, Inc.

Matsumoto, D., Hwang, H. S., Harrington, N., Olsen, R., & King, M. (2011). Facial behaviors and emotional reactions in consumer research. *Acta de Investigacion Psicológica (Psychological Research Records), 1(3)*, 441-453

Steiner, J. E. (1979). Human facial expressions in response to taste and smell stimulation. In H. Reese & L. Lipsitt (Eds.), *Advances in child development and behavior*. New York: Academic press.

Talwar, V., Gordon, H. M., & Lee, K. (2007). Lying in the elementary school years: Verbal deception and its relation to second-order belief understanding. *Developmental Psychology, 43(3)*, 804-810. doi: 10.1037/0012-1649.43.3.804

Wendin, K., Allesen-Holm, B.H., Bredie, W. L. P. (2011). Do facial reactions add new dimensions to measuring sensory responses to basic tastes? *Food Quality and Preference*. 22, 346-354.

Yoo, S. H., Matsumoto, D., & LeRoux, J. A. (2006). The influence of emotion recognition and emotion regulation on intercultural adjustment. *International Journal of Intercultural Relations*, 30(3), 345-363.

Zhi, R., Cao, L., Cao, G. (2017). Asians' Facial Responsiveness to Basic Tastes by Automated Facial Expression Analysis System. *Journal of Food Science. 82*, 794-

Cognition, 1, 110-117.

Vrij, A., Granhag, P.A., Mann, S. & Leal, S. (2011). Outsmarting the liars: Toward a cognitive lie detection approach. *Current Directions in Psychological Science, 20,* 28-32.

Vrij, A., Granhag, P. A., & Porter, S. (2011). Pitfalls and opportunities in nonverbal and verbal lie detection. *Psychological Science in the Public Interest, 11,* 89-121.

Vrij, A., Leal, S., Granhag, P. A., Mann, S., Fisher, R. P., Hillman, J., & Sperry, K. (2009). Outsmarting the liars: The benefit of asking unanticipated questions. *Law and Human Behavior, 33,* 159-166.

Warmelink, L., Vrij, A., Mann, S., Jundi, S., & Granhag, P. A. (2012). The effect of question expectedness and experience on lying about intentions. *Acta Psychologica, 141,* 178-183. doi:10.1016/j.actpsy.2012.07.011.

コラム4

原田國男（2012）『逆転無罪の事実認定』勁草書房

ポール・エクマン（著）菅靖彦（訳）（2009）『子どもはなぜ嘘をつくのか』河出書房新社

Vrij, A. (2008). *Detecting lies and deceit: Pitfalls and opportunities.* (Wiley Series in Psychology of Crime, Policing and Law). Wiley.

第五章

安藤雅旺（監修）NPO法人日本交渉協会（編）（2017）『交渉学ノススメ』生産性出版

清水建二（著）（2016）『微表情を見抜く技術』飛鳥新社

ジェラルド・ザルトマン（著）藤川佳則／阿久津聡（訳）（2005）『心脳マーケティング 顧客の無意識を解き明かす』ダイヤモンド社

ジョン・M・ゴットマン／ナン・シルバー（著）松浦秀明（訳）（2007）『結婚生活を成功させる七つの原則』第三文明社

工藤力、ディビット・マツモト（著）（1996）『日本人の感情世界――ミステリアスな文化の謎を解く』誠信書房

P. エクマン／W. V. フリーセン（著）工藤力（訳編）（1987）『表情分析入門』誠信書房

山本隆（2001）『美味の構造』講談社

Bredie, W. L. P., Tan, H. S. G., & Wendin, K. (2014). & A comparative study on facially expressed emotions in response to basic tastes. *Chemosensory. Perception.*

Meissner, C. A., Redlich, A. D., Bhatt, S., & Brandon, S. (2012). Interview and interrogation methods and their effects on true and false confessions. *Campbell Systematic Reviews.*

Memon, A., Meissner, C. A., & Fraser, J. (2010). The cognitive interview: A meta-analytic review and study space analysis of the past 25 years. *Psychology, Public Policy, and Law, 16*, 340-372.

Lewis, M. (ed.), Haviland-Jones, J. M. (ed.), Feldman Barrett, L. (ed.). (2010). *Handbook of Emotions*, Guilford Pr; 3 Reprint.

Milne, R., Shaw, G., & Bull, R. (2007). Investigative interviewing: The role of research. In Carson, D., Milne, R., Pakes, F., Shalev, K., & Shawyer, A. (Eds.), *Applying Psychology to Criminal Justice* (pp. 65-80). Chichester: Wiley.

P. A. Granhag, A. Vrij & B. Vershuere (Eds.), (2015). *Detecting deception:Current challenges and cognitive approaches*. Chichester, UK: John Wiley & Sons.

Granhag, P. A., & Ströemwall, L. A. (Eds.), (2004). *The Detection of Deception in Forensic Contexts*. Cambridge University Press;.

Steller, M., Köhnken, G. (1989). Criteria-Based statement Analysis. In: Raskin, D.C. (Ed.), *Psychological Methods in Criminal Investigation and Evidence*. Springer, New York, pp. 217-245.

Vernham, Z., Vrij, A., Mann, S., Leal, S., and Hillman, J. (2014). *Collective interviewing: Eliciting cues to deceit using a turn-taking approach. Psychology, Public Policy, and Law*, 20 (3). pp. 309-324.

Vrij, A. (2008). *Detecting Lies and Deceit: Pitfalls and Opportunities*, second ed., John Wiley, Chichester.

Vrij, A., Ennis, E., Farman, S., & Mann, S. (2010). People's perceptions of their truthful and deceptive interactions in daily life. *Journal of Forensic Psychology, 2,* 6-42.

Vrij, A., Kneller, W., & Mann, S. (2000). The effect of informing liars about criteria-based content analysis on their ability to deceive CBCA-raters. *Legal and Criminological Psychology, 5*, 57-70.

Vrij, A., Hope, L., & Fisher, R. P. (2014). Eliciting reliable information in investigative interviews. *Policy Insights from the Behavioral and Brain Sciences, 1*, 129-136.

Vrij, A., Fisher, R., Mann, S., & Leal, S. (2008). A cognitive load approach to lie detection. *Journal of Investigative Psychology and Offender Profiling, 5,* 39-43.

Vrij, A., & Granhag, P. A. (2012). Eliciting cues to deception and truth: What matters are the questions asked. *Journal of Applied Research in Memory and*

In: Granhag, P.A., Strömwall, L.A. (Eds.), *The Detection of Deception in Forensic Contexts*. Cambridge University Press, Cambridge, pp. 41-63.

Köhnken, G., Steller, M. (1988). The evaluation of the credibility of child witness statements in the German procedural system. In: Davies, G., Drinkwater, J. (Eds.), The Child Witness: Do the Courts Abuse Children? *Criminological and Legal Psychology, 13*. British Psychological Society, Leicester, pp. 37-45.

Lancaster, G.L.J., Vrij, A., Hope, L., Waller, B. (2012). Sorting the liars from the truth tellers: The benefits of asking unanticipated questions. on lie direction *Applied Cognitive Psychology, 27*, 107-114.

Leal, S., Vrij, A., Mann, S., and Fisher, R. P. (2010). Detecting true and false opinions: The Devil's Advocate approach as a lie detection aid. *Acta Psychologica, 134*: 323-329.

Leins, D., Fisher, R.P., Vrij, A., Leal, S., Mann, S. (2011). Using sketch drawing to induce inconsistency in liars. *Legal and Criminological Psychology, 16*, 253-265.

Logue, M., Book, A. S., Frosina, P., Huizinga, T., & Amos, S. (2015). Using reality monitoring to improve deception detection in the context of the cognitive interview for suspects. *Law and human behavior*, 39(4), 360-367. doi: 10.1037/lhb0000127.

Luke, T. J. (2020). A meta-analytic review of experimental tests of the interrogation technique of Hanns Joachim Scharff. *Applied Cognitive Psychology, 35*. doi: 10.1002/acp.3771.

Matsumoto, D., Mark G., F., & Hyi S, H. (Eds.). (2013). *Nonverbal Communication: Science and Applications.*

Matsumoto, D., Hwang, H.C. Clusters of Nonverbal Behaviors Differ According to Type of Question and Veracity in Investigative Interviews in a Mock Crime Context. *Journal of Police and Criminal Psychology, 33*, 302-315 (2018). doi: 10.1007/s11896-017-9250-0

Matsumoto, D. and Hwang H. C. (2018). Microexpressions Differentiate Truths From Lies About Future Malicious Intent. *Frontierrs in Psycholgy*, 9:2545. doi: 10.3389/fpsyg.2018.02545.

Mann, S., Vrij, A., & Bull, R. (2002). Suspects, lies and videotape: An analysis of authentic high-stakes liars. *Law and Human Behavior, 26*, 365-376.

Mann, S., & Vrij, A. (2006). Police officers' judgements of veracity, tenseness, cognitive load and attempted behavioural control in real-life police interviews. *Psychology, Crime, & Law, 12*, 307-319.

DePaulo, B.M., Lindsay, J. J., Malone, B. E., Muhlenbruck, L., Charlton, K., & Cooper, H. (2003). Cues to deception. *Psychological Bulletin*, 129, 74-118.

Doherty-Sneddon, G., & Phelps, F. G. (2005). Gaze aversion: A response to cognitive or social difficulty? *Memory & Cognition*, 33, 727-733.

Ekman. P., & Frank, M. G. (1993). Lies that fail. In M. Lewis & C. Saarni (Eds.), *Lying and deception in everyday life* (pp. 184-200). New York: Guilford Press.

Fisher, R. P., & Geiselman, R. E. (1992). *Memory enhancing techniques for investigative interviewing: The cognitive interview*. Springfield, IL: Charles C. Thomas.

Fisher, R. P. (2010). Interviewing cooperative witnesses. *Legal and Criminological Psychology*, 15, 25-38.

Fisher, R. P., Milne, R., & Bull, R. (2011). Interviewing cooperative witnesses. *Current Directions in Psychological Science*, 20(1), 16-19.

Frank, M. G., Yarbrough, J. D., & Ekman, P. (2006). Investigative interviewing and the detection of deception. In T. Williamson (Ed.), *Investigative interviewing: Rights, research, regulation* (p. 229-255). Willan Publishing.

Gilbert, J. A. E., & Fisher, R. P. (2006). The effects of varied retrieval cues on reminiscence in eyewitness memory. *Applied Cognitive Psychology*, 20, 723-739.

Hartwig, M., Granhag, P. A., & Strömwall, L. (2007). Guilty and innocent suspects' strategies during interrogations. *Psychology, Crime, & Law, 13*, 213-227.

Hurley C. M., Frank M. G. (2011). Executing facial control during deception situations. *Journal of Nonverbal Behav ior. 35*, 119-131. doi: 10.1007/s10919-010-0102-1.

Inbau, F. E., Reid, J. E., Buckley, J. P., & Jayne, B. C. (2013). *Criminal interrogation and confessions, 5th edition*. Burlington, MA: Jones & Bartlett Publishers.

Johnson, M.K., Raye, C. L. (1981). Reality monitoring. *Psychological Review, 88*, 67-85.

Johnson, M.K., Raye, C. L. (1998). False memories and confabulation. *Trends in Cognitive Sciences, 2*, 137-145.

Kashy, D.A., & DePaulo, B.M. (1996). Who Lies? *Journal of Personality and Social Psychology*, 70, 1037-1051.

Köhnken, G. (1996). Social psychology and the law. In: Semin, G. R., Fiedler, K. (Eds.), *Applied Social Psychology*. Sage, London, pp. 257-281.

Köhnken, G. (2004). Statement Validity Analysis and the 'detection of the truth'.

shame: Evidence for biologically innate nonverbal displays. *Proceedings of the National Academy of Sciences of the United States of America*. 105. 11655-11660. doi: 10.1073/pnas.0802686105.

Vrij, A., & Semin, G. R. (1996). Lie experts' beliefs about nonverbal indicators of deception. *Journal of Nonverbal Behaviour*, 20, 65-80.

Vrij, A., & Taylor, R. (2003). Police officers' and students' beliefs about telling and detecting trivial and serious lies. *International Journal of Police Science & Management*, 5, 41-49.

Wiseman, R., Watt, C., ten Brinke, L., Porter, S., Couper, S-L., & Rankin, C. (2012). The eyes don't have it: Lie detection and neuro-linguistic programming. *PLoS ONE*, 7, 1-5. doi: 10.1371/journal.pone.0040259.

第四章

アン・カープ（著）梶山あゆみ（訳）（2008）『「声」の秘密』草思社

アルダート・ヴレイ（著）太幡直也、佐藤拓、菊地史倫（監訳）（2016）『嘘と欺瞞の心理学――対人関係から犯罪捜査まで　虚偽検出に関する真実』福村出版

清水建二（著）（2016）『「顔」と「しぐさ」で相手を見抜く』フォレスト出版

Bond, C. F. Jr., & DePaulo, B. M. (2006). Accuracy of deception judgments. *Personality and Social Psychology Review*, 10 , 214-234.

Bull, R. (2010). The investigative interviewing of children and other vulnerable witnesses: Psychological research and working/professional practice. *Legal and Criminological Psychology, 15*, 5-23.

Caso, L., & Vrij, A., & Mann, S., & De Leo, G. (2006). Deceptive responses: The impact of verbal and non-verbal countermeasures. *Legal and Criminological Psychology, 11*. 99-111, doi: 10.1348/135532505X49936.

Colwell, K., Hiscock, C. K., & Memon, A. (2002). Interviewing techniques and the assessment of statement credibility. *Applied Cognitive Psychology*, 16(3), 287-300., doi: 10.1002/acp.788

DePaulo, B.M., Kashy, D.A., Kirkendol, S.E., Wyer, M.M., & Epstein, J.A. (1996). Lying in everyday life. *Journal of Personality and Social Psychology*, 70, 979-995.

DePaulo, B.M., & Bell, K.L. (1996). Truth and investment: Lies are told to those who care. *Journal of Personality and Social Psychology*, 71, 703-716.

channel use in communication of emotion: How may depend on why. *Emotion*, 11(3), pp.603-617.

Bond, C. F. Jr., & DePaulo, B. M. (2006). Accuracy of Deception Judgments. *Personality and social psychology review:* an official journal of the Society for Personality and Social Psychology, Inc. 10, 214-234. doi: 10.1207/s15327957 pspr1003_2.

DePaulo, B. M., Lindsay, J. L., Malone, B. E., Muhlenbruck, L., Charlton, K., & Cooper, H. (2003). Cues to deception. *Psychological Bulletin, 129*, 74-118.

Dodge KA, Bates JE, Pettit GS: Mechanisms in the cycle of violence. *Science,* 1990, 250:1678-1683.

Ekman, P. (1985). *Telling Lies: Clues to Deceit in the Marketplace, Politics, and Marriage*, 1st Edn. New York, NY: Norton.

Ekman, P. (2004). Emotional and conversational nonverbal signals. In: Larrazabal, M., Miranda, L. (Eds.), *Language, knowledge, and representation*, Kluwer Academic Publishers, Netherlands. pp. 39-50.

Matsumoto, D., Mark G., F., & Hyi S, H. (Eds). (2013). *Nonverbal Communication : Science and Applications.*

Matsumoto, D., & Hwang, H.C. (2013). Cultural Similarities and Differences in Emblematic Gestures. *Journal of Nonverbal Behavior, 37*, 1-27.

Matsumoto, D., Hwang, H.C. Clusters of Nonverbal Behaviors Differ According to Type of Question and Veracity in Investigative Interviews in a Mock Crime Context. *Journal of Police and Criminal Psychology,* 33, 302-315 (2018). doi: 10.1007/s11896-017-9250-0

Mehrabian, A. (1971). *Silent messages.* Wadsworth, Belmont, California.

Mehrabian, A. (1981). *Silent messages: Implicit communication of emotions and attitudes (2nd ed.).* Wadsworth, Belmont, California.

Mehrabian, A. (1972). *Nonverbal communication.* Aldine-Atherton, Chicago, Illinois.

Strömwall, L.A., & Granhag, P.A. (2003). How to detect deception? Arresting the beliefs of police officers, prosecutors and judges. *Psychology, Crime, & Law,* 9, 19-36.

Taylor, R., & Vrij, A. (2000). The effects of varying stake and cognitive complexity on beliefs about the cues to deception. *International Journal of Police Science & Management,* 3, 111-123.

Tracy, J. L., & Matsumoto, D. (2008). The spontaneous expression of pride and

Some evidence for a theory. *Perceptual and Motor Skills,* 18(1), 119-158.
Tracy, J.L., & Matsumoto, D. (2008). The spontaneous expression of pride and shame: Evidence for biologically innate nonverbal displays. *Proceedings of the National Academy of Sciences of the United States of America, 105*, 11655-11660.
Vrij, A. (1995). Behavioral correlates of deception in a simulated police interview. *The Journal of Psychology*, 129, pp.15-28.
Vrij, A. (2008). *Detecting lies and deceit: Pitfalls and opportunities*. (Wiley Series in Psychology of Crime, Policing and Law). Wiley.
Vrij, A., & Ganis, G. (2014). Theories in deception and lie detection. In D. C. Raskin, C. R. Honts, & J. C. Kircher (Eds.), *Credibility assessment: Scientific research and applications* (pp. 301-374). San Diego, CA, US: Elsevier Academic Press.
Wilkowski, B.M., & Meier, B.P. (2010). Bring it on: Angry facial expressions potentiate approach-motivated motor behavior. *Journal of Personality and Social Psychology, 98*, 201-210.
Yoo, S. H., Matsumoto, D., & LeRoux, J. A. (2006). *The influence of emotion recognition and emotion regulation on intercultural adjustment*. International Journal of Intercultural Relations, 30(3), 345-363.
コラム２
"Behind that Smile," *New Scientist* 188, no.2530 (2005).
Thomas, J. R. (2008). More than a pretty face: The Mona Lisa. *Archives of Facial Plastic Surgery, 10 (1)*, 65-66.

第三章
工藤力（著）（1999）『しぐさと表情の心理分析』福村出版
清水建二（著）（2017）『ビジネスに効く　表情のつくり方』イースト・プレス
デズモンド・モリス（著）多田道太郎／奥野卓司（訳）（1992）『ジェスチュアーしぐさの西洋文化』角川書店
P・ブゥル（著）市河淳章／高橋超（編訳）　飯塚雄一／大坊郁夫（訳）（2001）『姿勢としぐさの心理学』北大路書房
Akehurst, L., Köhnken, G., Vrij, A., & Bull, R. (1996). Lay persons' and police officers' beliefs regarding deceptive behaviour. *Applied Cognitive Psychology*, 10(6), 461-471.
App, B., McIntosh, D. N., Reed, C. L., Hertenstein, M. J. (2011). Nonverbal

Matsumoto, D., & Willingham, B. (2009). Spontaneous facial expressions of emotion of congenitally and noncongenitally blind individuals. *Journal of Personality and Social Psychology,* 96(1), 1-10.

Marsh, A.A., Ambady, N., & Kleck, R.E. (2005). The effects of fear and anger facial expressions on approach- and avoidance-related behaviors. *Emotion, 5,* 119-124.

McCarthy A., Lee K., Itakura S., Muir D. W. (2006). Cultural display rules drive eye gaze during thinking. *Journal of Cross-Cultural Psychology* 37: 717-722.

Ohman, A., & Mineka, S. (2001). Fears, phobias, and preparedness: Toward an evolved module of fear and fear learning. *Psychological Review, 108*, 483-522.

Oster, H. (2005). The repertoire of infant facial expressions: An ontogenetic perspective. In J. Nadel & D. Muir (Eds.), *Emotional development* (pp. 261-292). New York: Oxford University Press.

Preuschoft, S., & van Hooff, J.A.R.A.M. (1997). The social function of "smile" and "laughter": Variations across primate species and societies. In U. C. Segerstråle & P. Molnár (Eds.), *Nonverbal communication: Where nature meets culture* (pp. 171 -190). Mahwah,NJ: Lawrence Erlbaum Associates.

Ramachandran V. S. (1998). The neurology and evolution of humor, laughter, and smiling: The false alarm theory. *Medical Hypotheses, 51*, 351-354.

Rozin, P., Lowery, L., & Ebert, R. (1994). Varieties of disgust faces and the structure of disgust. *Journal of Personality and Social Psychology, 66*, 870-881.

Shariff, A.F., & Tracy, J.L. (2009). Knowing who's boss: Implicit perceptions of status from the nonverbal expression of pride. *Emotion, 9*, 631-639.

Susskind, J.M., Lee, D.H., Cusi, A., Feiman, R., Grabski, W., & Anderson, A.K. (2008). Expressing fear enhances sensory acquisition. *Nature Neuroscience, 11*, 843-850.

Susskind, J.M., & Anderson A.K. (2008). Facial expression form and function. *Communicative & Integrative Biology, 1*, 148-149. A review of recent studies providing evidence for the proposed original physiological functions of several distinct emotion expressions.

Tomkins, S. S. (1962). *Affect, I magery Consciousnes*s (Vol. 1: The positive affects). New York: Springer.

Tomkins, S. S. (1963). *Affect, I magery Consciousness* (Vol. 2: The negative affects). New York: Springer.

Tomkins, S. S., & McCarter, R. (1964). What and where are the primary affects?

133. doi: 10.1016/j.jarmac.2012.04.006

Frank M.G., Svetieva E. (2015). Microexpressions and Deception. In: Mandal M., Awasthi A. (Eds.) Understanding Facial Expressions in Communication. *Springer*, New Delhi

Friesen, W. V. (1972). *Cultural differences in facial expressions in a social situation: An experimental test of the concept of display rules.* University of California, San Francisco. (本論文は博士論文で出版されていない。)

Haggard, E. A., and Isaacs, K. S. (1966). "Micro-momentary facial expressions as indicators of ego mechanisms in psychotherapy," in *Methods of Research in Psychotherapy*, eds L. A. Gottschalk and A. H. Auerbach (New York, NY: Appleton-Century-Crofts), 154-165.

Hasson, O. (2009). Emotional tears as biological signals. *Evolutionary Psychology, 7*, 363-370

Izard, C. E. (1971). *The face of emotion.* East Norwalk, CT: Appleton-Century-Crofts.

Izard, C. E. (1977). *Human Emotions.* New York: Plenum Press

Keltner, D. (1995). Signs of appeasement: Evidence for the distinct displays of embarrassment, amusement, and shame. *Journal of Personality and Social Psychology, 68*, 441-454.

Keltner, D., & Harker, L.A. (1998). The forms and functions of the nonverbal display of shame. In P. Gilbert & B. Andrews (Eds.), *Interpersonal behavio, psychopathology, and culture* (pp. 78-98). Oxford, England: Oxford University Press.

Keltner, D., Young, R.C., & Buswell, B.N. (1997). Appeasement in human emotion, social practice, and personality. *Aggressive Behaviour, 23*, 359-374.

Keltner, D., Sauter, D., Tracy, J., & Cowen, A. (2019). Emotional Expression: Advances in Basic Emotion Theory. *Journal of nonverbal behavior, 43*(2), 133-160. doi: 10.1007/s10919-019-00293-3

Matsumoto, D., & Hwang, H. S. (2012). Cultural similarities and differences in emblematic gestures. *Journal of Nonverbal Behavior*, 37(1), pp. 1-27

Matsumoto, D., & Lee, M. (1993). Consciousness, volition, and the neuropsychology of facial expressions of emotion. *Consciousness & Cognition: An International Journal, 2* (3), 237-254.

Matsumoto, D., Mark G., F., & Hyi S, H. (Eds.). (2013). *Nonverbal Communication: Science and Applications.*

Cowen, A. S., Keltner, D., Schroff, F., Jou, B., Adam, H., & Prasad, G. (2021). Sixteen facial expressions occur in similar contexts worldwide. *Nature, 589* (7841), 251-257. doi: 10.1038/s41586-020-3037-7

Darwin, C. (1872). *The expression of the emotions in man and animals*. London, England: Murray.

Ekman, P. (1979). About brows: Emotional and conversational signals. In M. von Cranach, K. Foppa, W. Lepenies, & D. Ploog (Eds.), *Human Ethology.* Cambridge: Cambridge University Press, pp. 169-249.

Ekman, P. (1989). The argument and evidence about universals in facial expressions of emotion. In H. Wagner & A. Manstead (Eds.), *Handbook of social psychophysiology* (pp. 143-164). Chichester, England: Wiley.

Ekman, P. (2016). What Scientists Who Study Emotion Agree About. *Perspectives on Psychological Science, 11(1)*, 31-34.

Ekman, P. & Friesen, W. V. (1968). Nonverbal Behavior in Psychotherapy Research. In Shlien, J. (Ed.), *Research in Psychotherapy*, (3) pp.179-216). Washington, D.C.: American Psychological Association.

Ekman, P. & Friesen, W. V. (1969). The repertoire of nonverbal behavior: Categories, origins, usage, and coding. *Semiotica*, 1, pp. 49-98.

Ekman, P., & Friesen, W. V. (1971). Constants across cultures in the face and emotion. *Journal of Personality and Social Psychology, 17,* 124-129.

Ekman, P. & Friesen, W. V. (1972). Hand Movements. *Journal of Communication*, 22 (4): pp. 353-374.

Ekman, P., & Friesen, W. V. (1974). Nonverbal behavior and psychopathology. In R. J. Friedman & M. M. Katz (Eds.), *The psychology of depression: Contemporary theory and research* (pp. 203-232). Washington, D. C.: Winston and Sons.

Ekman, P., Friesen, W.V., Hager, J.C. (2002). *The Facial Action Coding System: A Technique for the Measurement of Facial Movement.* San Francisco, CA: Consulting Psychologists Press.

Ekman, P., Friesen, W.V., & Hager, J.C. (2002). *Facial Action Coding System: Investigator's Guide.* San Francisco, CA: Consulting Psychologists Press.

Frank, M. G., & Ekman, P. (1997). The ability to detect deceit generalizes across different types of high-stake lies. *Journal of Personality and Social Psychology, 72*, 1429-1439.

Frank, M. G., & Svetieva, E. (2012). Lies worth catching involve both emotion and cognition. *Journal of Applied Research in Memory and Cognition, 1(2)*, 131-

Nonverbal Behavior. 36, 23-37 (2012). doi: 10.1007/s10919-011-0120-7

Yan WJ, Wu Q, Liang J, Chen YH, Fu X. (2013). How Fast are the Leaked Facial Expressions: The Duration of Micro-Expressions. *Journal of Nonverbal Behavior 37*, 217-230.

第二章

工藤力／ディビット・マツモト（著）（1996）『日本人の感情世界――ミステリアスな文化の謎を解く』誠信書房

清水建二（著）（2016）『微表情を見抜く技術』飛鳥新社

清水建二（著）（2016）『「顔」と「しぐさ」で相手を見抜く』フォレスト出版

P. エクマン／W. V. フリーセン（著）工藤力（訳編）（1987）『表情分析入門』誠信書房

https://youtu.be/mkFpVJGlp7o〈2007: A-Rod denies doping on 60 Minutes 2021年10月1日アクセス〉

https://www.oxfordlearnersdictionaries.com/definition/english/coyness〈2021年10月1日アクセス〉

https://www.vocabulary.com/dictionary/sympathy〈2021年10月1日アクセス〉

Scarantino, A. (2017). *How to Do Things with Emotional Expressions: The Theory of Affective Pragmatics, Psychological Inquiry*, 28:2-3, 165-185, doi: 10.1080/1047840X.2017.1328951

Arif-Rahu, M. (2010). *Facial expression discriminates between pain and absence of pain in the non-communicative critically ill adult patient.*

Blair, R.J.R. (2003). Facial expressions, their communicatory functions and neuro-cognitive substrates. *Philosophical Transactions of the Royal Society of London B, 358*, 561-572. A brief but thorough review of research on the neurological underpinnings of both the display and interpretation of emotion expressions.

Carney D.R., Cuddy A.J.C., Yap A.J. (2010). Power posing: Brief nonverbal displays affect neuroendocrine levels and risk tolerance. *Psychological Science, 21*, 1363-1368.

Chapman, H.A., Kim, D.A., Susskind, J.M., & Anderson, A.K. (2009). In bad taste: Evidence for the oral origins of moral disgust. *Science, 323*, 1222-1226.

Cordaro, D.T., Sun, R., Keltner, D., Kamble, S. Huddar, N., & McNeil, G. (2018). Universals and cultural variations in 22 emotional expressions across five cultures. *Emotion, 18* (1), 75-93.

Appleton-Century-Crofts), 154-165.

Levenson, R. W., Ekman, P., & Friesen, W. V. (1990). Voluntary facial action generates emotion-specific autonomic nervous system activity. *Psychophysiology, 27,* 363-384.

Matsumoto, D. & Hwang, H. S. (2011). Evidence for training the ability to read microexpressions of emotion. *Motivation and Emotion, 35(2)*, 181-191.

Matsumoto D and Hwang H. C. (2018). Microexpressions Differentiate Truths From Lies About Future Malicious Intent. *Frontiers in Psychology.* 9:2545. doi: 10.3389/fpsyg.2018.02545

Matsumoto, D., Hwang, H.C. (2018). Clusters of Nonverbal Behaviors Differ According to Type of Question and Veracity in Investigative Interviews in a Mock Crime Context. *Journal of Police and Criminal Psychology,* 33, 302-315. doi:10. 1007/s11896-017-9250-0

Porter, S., and ten Brinke, L. (2008). Reading between the lies: Identifying concealed and falsified emotions in universal facial expressions. *Psychological. Science.* 19, 508-514. doi: 10.1111/j.1467-9280.2008.02116.x

Yan WJ, Wu Q, Liang J, Chen YH, Fu X. (2013). How Fast are the Leaked Facial Expressions: The Duration of Micro-Expressions. *Journal of Nonverbal Behavior 37*, 217-230.

コラム１

Ekman, P., & Friesen, W. V. (1969). The repertoire of nonverbal behavior: Categories, origins, usage, and coding. *Semiotica, 1*, 49-98.

Frank, M. G. & Ekman, P. (1997). The Ability to Detect Deceit Generalizes Across Different Types of High-Stake Lies. *Journal of Personality and Social Psychology*, 72(6), 1429-1439.

Frank, M.G., Hurley, C.M., Kang, S., Pazian, M., & Ekman, P. (2011). *Detecting deception in high stakes situation: I. The face.*

Matsumoto, D., Hwang, H.S., Skinner, L., & Frank, M. G. (2011). Evaluating Truthfulness and Detecting Deception: New Tools to Aid Investigators. *FBI Law Enforcement Bulletin, 80*, 1-10.

Porter, S., & ten Brinke, L. (2008). Reading between the lies: Identifying concealed and falsified emotions in universal facial expressions. *Psychological Science, 19 (5)*, 508-514.

Porter, S., ten Brinke, L. & Wallace, B. Secrets and Lies: Involuntary Leakage in Deceptive Facial Expressions as a Function of Emotional Intensity. *Journal of*

参考文献

はじめに

Matsumoto, D., & Hwang, H. C. (2014). Facial signs of imminent aggression. *Journal of Threat Assessment and Management.*

第一章

読売新聞（2018年6月13日付）

Duchenne, B. (1990). *The mechanism of human facial expression* (A. Cuthbertson, Trans.) New York: Cambridge University Press.（オリジナルは1862年に出版）

Ekman, P. (1980). Asymmetry in facial expression. *Science, 209*, 833-834.

Ekman, P. (1985). *Telling Lies: Clues to Deceit in the Marketplace, Politics, and Marriage*, New York, NY: Norton.

Ekman, P. (2016). *Nonverbal Messages: Cracking the Code: My LIfe's Pursuit*. PEG

Ekman, P., and Friesen, W. V. (1969). Nonverbal leakage and clues to deception.

Psychiatry 32, 88-106. doi: 10.1080/00332747.1969.11023575

Ekman, P., and Friesen, W. V. (1974). "Nonverbal behavior and psychopathology," in *The Psychology of Depression: Contemporary Theory and Research*, eds R. J. Friedman and M. M. Katz (Washington, DC:Winston and Sons), 203-232.

Ekman, P., & Friesen, W.V. (1982). Felt, false, and miserable smiles. *Journal of Nonverbal Behavior,* 6(4), 238-252.

Ekman, P., Hager, J.C., & Friesen, W.V. (1981). The symmetry of emotional and deliberate facial actions. *Psychophysiology*, 18(2), 101-106.

Ekman, P., Roper, G., & Hager, J. C. (1980). Deliberate facial movement. *Child Development, 51,* 886-891.

Frank, M. G., & Ekman, P. (1997). The ability to detect deceit generalizes across different types of high-stake lies. *Journal of Personality and Social Psychology, 72*, 1429-1439.

Haggard, E. A., and Isaacs, K. S. (1966). "Micro-momentary facial expressions as indicators of ego mechanisms in psychotherapy," in *Methods of Research in Psychotherapy*, eds L. A. Gottschalk and A. H. Auerbach (New York, NY:

撮影◎中央公論新社写真部
p48, 57, 60, 63, 64, 65, 74, 75, 76, 91
その他、著者提供写真

ラクレとは…la clef=フランス語で「鍵」の意味です。
情報が氾濫するいま、時代を読み解き指針を示す
「知識の鍵」を提供します。

中公新書ラクレ
754

裏《うら》切《ぎ》り者《もの》は顔《かお》に出《で》る

上司《じょうし》、顧客《こきゃく》、家族《かぞく》のホンネは「表情《ひょうじょう》」から読《よ》み解《と》ける

2022年2月10日発行

著者……清水建二《しみずけんじ》

発行者……松田陽三
発行所……中央公論新社
〒100-8152 東京都千代田区大手町1-7-1
電話……販売 03-5299-1730　編集 03-5299-1870
URL https://www.chuko.co.jp/

本文印刷……三晃印刷
カバー印刷……大熊整美堂
製本……小泉製本

Published by CHUOKORON-SHINSHA, INC.
Printed in Japan　ISBN978-4-12-150754-9　C1211

中公新書ラクレ　好評既刊

L692 公安調査庁
――情報コミュニティーの新たな地殻変動

手嶋龍一＋佐藤　優　著

公安調査庁は謎に包まれた組織だ。日頃、どんな活動をしているのか、一般にはほとんど知られていない。それもそのはず。彼らの一級のインテリジェンスによって得られた情報は、官邸をはじめ他省庁に提供され活用されるからだ。つまり公安調査庁自身が表に出ることはない。日本最弱にして最小のインテリジェンス組織の真実を、インテリジェンスの巨人２人が炙り出した。本邦初の驚きの真実も明かされる。公安調査庁から目を離すな！

L706 初歩からのシャーロック・ホームズ

北原尚彦　著

１８８７年、『緋色の研究』にて世に登場して以来、シャーロック・ホームズは小説、コミック、映像、ゲームなどメディアの変遷に乗り、名探偵として世界中で親しまれてきました。本書は、日本屈指の研究家がそんなホームズの人気と謎に迫り、魅力を初歩から解説します。マニアも楽しめる読み所とエピソードが満載、資料も入った永久保存版です。これから読む人には最高の入り口となり、正典60篇を読み終えた人にはその後の指針たらんことを！

L709 ゲンロン戦記
――「知の観客」をつくる

東　浩紀　著

「数」の論理と資本主義が支配するこの残酷な世界で、人間が自由であることは可能なのか？「観客」「誤配」という言葉で武装し、大資本の罠、敵／味方の分断にあらがう、東浩紀の「生き延び」の思想。哲学とサブカルを縦横に論じた時代の寵児は、２０１０年、新たな知的空間の構築を目指して「ゲンロン」を立ち上げ、戦端を開く。いっけん華々しい戦績の裏にあったのは、予期せぬ失敗の連続だった。ゲンロン10年をつづるスリル満点の物語。

L713

動物園・その歴史と冒険

溝井裕一 著

人間の野望が渦巻く「夢の世界」へようこそ。動物園は、18世紀末のヨーロッパに誕生した。しかし珍種を集めて展示する「動物コレクション」は、メソポタミア文明に遡るほどの歴史をもつ。近代に入ると、西洋列強は動物を競って収集。果ては「恐竜」の捕獲や絶滅動物の復元計画も登場。異国風建築から、パノラマ、サファリ・パークやテーマ・ズー、ランドスケープ・イマージョンまでのデザインの変遷を辿り、動物園全史と驚異の冒険譚を描き出す。

L715

自由の限界

―世界の知性21人が問う
国家と民主主義

鶴原徹也 編

エマニュエル・トッド、ジャック・アタリ、マルクス・ガブリエル、マハティール・モハマド、ユヴァル・ノア・ハラリ……。彼らは世界の激動をどう見るか。二〇一五年のシャルリー・エブド事件から「イスラム国」とアメリカ、イギリスのEU離脱、トランプ米大統領と米中対立、そして二〇二〇年のコロナ禍まで、具体的な出来事を軸とした三八本のインタビューを集成。人類はどこへ向かおうとしているのか。世界の「今」と「未来」が見えてくる。

L716

現代中国の秘密結社

―マフィア、政党、カルトの興亡史

安田峰俊 著

天安門事件、香港デモ、新型コロナ流行、薄熙来事件、アリババ台頭、孔子学院――。激動する国家に蠢く「秘密結社」を知らないで、どうやって現代中国がわかるのか？　清朝に起源を持つチャイニーズ・フリーメーソン「洪門」、中国共産党の対外工作を担う「中国致公党」、カルト認定された最大の反共組織「法輪功」。大宅壮一ノンフィクション賞作家が、結社の行う「中国の壊し方」と「天下の取り方」に迫り、彼らの奇怪な興亡史を鮮やかに描き出す。

L717

ビジネスパーソンのための「言語技術」超入門

―プレゼン・レポート・交渉の必勝

三森ゆりか 著

社会で真に求められるのは、論理的思考力を活用して考察し、口頭や記述で表現できる人材である。しかし「国語」の教育は受けたはずなのに、報告書が書けない、交渉も分析もできないという社会人は多い。これまで有名企業や日本サッカー協会などで「言語技術」を指導してきた著者が、社会に出てから使える本当の言語力＝世界基準のコミュニケーション能力を身につけるためのメソッドを具体的に提示。学生・ビジネスパーソン必読の一冊！

L726

東京を捨てる

――コロナ移住のリアル

澤田晃宏 著

コロナ下で地方移住への関心が高まっている。コロナ流行後に東京から兵庫県淡路島に移住した著者が、コロナ移住者や移住支援機関、人気自治体を訪ね歩き、コロナ下の人の動きを徹底取材。注目を集める地域おこし協力隊や新規就農の実態もレポートする。田舎の生活費や補助金情報、空き家の探し方から中古車の選び方まで、地方移住に関する実用的な情報を網羅し、ガイドブックとしても読める1冊だ。

L732

膨張GAFAとの闘い

――デジタル敗戦 霞が関は何をしたのか

若江雅子 著

GAFAにデータと富が集中している。日本がそれを易々と許した一因に、にわかに信じがたい法制度の不備がある。国内企業に及ぶ規制が海外勢には及ばない「一国二制度」や、EUに比べて遥かに弱い競争法やプライバシー規制、イノベーションを阻害する時代遅れの業法……。霞が関周辺にはそれらに気づき、抗おうとした人々がいた。本書はその闘いの記録であり、また日本を一方的なデジタル敗戦に終わらせないための処方箋でもある。

L737

分断のニッポン史

――ありえたかもしれない敗戦後論

赤上裕幸 著

災害、感染症、格差……いま各所で「分断」が叫ばれる。だが歴史を遡ると、敗戦直後には国が分割される恐れが実際にあり、分断統治や架空戦記を描いた小説・マンガが人気を博してきた。欧米ではこうした「歴史のif＝反実仮想」の歴史学は重要な研究として認知されてきたが、本書は国内の研究では数少ない試みである。さらに震災等による列島分断を描いた未来小説も検証。最悪のシナリオを描いた作品群から、危機克服のヒントを学ぶ。

L741

東京23区×格差と階級

橋本健二 著

田園調布や六本木ヒルズ、山谷地区やシャッター通り、ホームレスが住む公園まで。東京23区内をほんの数キロ歩くだけで、その格差の宇宙が体感できてしまう。東京は、世界的にみて、もっとも豊かな人々と、もっとも貧しい人々が住む都市だ。そんな階級都市としての性格を強める23区の姿を明らかにし、そこに潜む危うさをいかに克服するかを探る。発売以来、増刷を重ねる話題作。